北大版对外汉语教材·专业汉语教程系列

专业基础医学汉语

细胞生物学篇

主编 邓淑兰 莫秀英

北京大学出版社
PEKING UNIVERSITY PRESS

图书在版编目（CIP）数据

专业基础医学汉语.细胞生物学篇 / 邓淑兰，莫秀英主编.—北京：北京大学出版社，2017.9
（北大版对外汉语教材·专业汉语教程系列）
ISBN 978-7-301-28718-7

Ⅰ. ① 专… Ⅱ. ① 邓… ② 莫… Ⅲ. ① 细胞生物学 – 汉语 – 对外汉语教学 – 教材 Ⅳ. ① H195.4

中国版本图书馆CIP数据核字（2017）第 219110 号

书　　　名	专业基础医学汉语·细胞生物学篇 ZHUANYE JICHU YIXUE HANYU · XIBAO SHENGWUXUE PIAN
著作责任者	邓淑兰　莫秀英　主编
责任编辑	邓晓霞
标准书号	ISBN 978-7-301-28718-7
出版发行	北京大学出版社
地　　　址	北京市海淀区成府路 205 号 100871
网　　　址	http://www.pup.cn　　新浪微博：@北京大学出版社
电子信箱	zpup@pup.cn
电　　　话	邮购部 62752015　发行部 62750672　编辑部 62752028
印　刷　者	北京鑫海金澳胶印有限公司
经　销　者	新华书店
	787 毫米 ×1092 毫米　16 开本　13.5 印张　206 千字 2017 年 9 月第 1 版　2017 年 9 月第 1 次印刷
定　　　价	52.00 元

未经许可，不得以任何方式复制或抄袭本书之部分或全部内容。
版权所有，侵权必究
举报电话：010-62752024　电子信箱：fd@pup.pku.edu.cn
图书如有印装质量问题，请与出版部联系，电话：010-62756370

本教材获得中山大学2017年重点教材项目资助

编写说明

《专业基础医学汉语·细胞生物学篇》是供来华攻读临床医学专业一年级留学生学习医学汉语的专业必修课教材。使用对象为学过基础汉语，且HSK成绩达到四级或以上的外国留学生。他们与中国学生一起同堂学习医学专业课程，教师授课语言和教材均使用中文，而他们的汉语水平还不能完全适应中文授课的专业课学习，因此，医学院校为他们开设了专业医学汉语课程，以帮助他们从听、说、读、写等方面提高专业汉语水平，扫除专业学习上的语言障碍，使他们能听懂专业课，看懂专业书并提高专业写作能力。

基于学习者的特殊性和课程设置的目标，本教材的课文题目为专业医学教材相应的章节标题。每课的体例包括生词、课文、课文图例、注释和练习五部分。

生词包括普通词语和专业词语两大类，其中普通词语一般为HSK五级及以上的词语，专业词语均为基础医学教材的专业常用语。各课的生词均为专业医学教材相关内容原文的词语，没有刻意控制；普通词语和专业词语的比例也由原文呈现的词语而定，没有刻意调整。由于生词都是课文中出现的医学专业词语和普通词语，因此课序靠后的课文，新生词的数量越来越少。关于生词的释义，专业词语主要采用英文释义或英汉双语释义，普通词语则根据不同情况，采用英文释义、汉语释义、英汉双语释义、图形释义等形式，大部分生词还有词语搭配的举例。

本教材共17课，每课容量约为4—6课时。针对学习对象的特殊学习需求，课文主要选自医学专业一年级开设的《医学细胞生物学》原文，并且都是相关专业课程的重要知识点，课文编写时对相关内容进行了整合。各课内容的编排顺序与专业教材的章节顺序基本一致。课文长度基本控制在500—700字左右。

课文图例展示的是本课的重点和难点内容，意在帮助学习者理解和掌握课文内容。每课均配有1—4个图例。

注释包括专业术语和通用汉语中的书面表达句式及词语，其中专业术语为课文中没有解释说明的词语。另外，教材第10—14课，每课增加了一项阅读技能的注释，具体包括：根据术语的结构猜词、根据上下文理解术语；长句理解的技能——抽取句子主干，把长句变短；理解长句中的复杂定语和复杂状语；划分语块；概括段落的主要内容。针对学生在专业医学课程的学习中常会遇到一些比较异同的论述题以及专业名词的解释，教材第15—16课，增加了写作技能注释：如何做比较题、如何做名词解释。

练习主要为与课文内容相应的阅读、听力和专业写作的训练。练习题型分常设题型和非常设题型。常设题型有听力练习（听写词语和句子、听后选择、听后判断、听后填空等）、听与读、解释画线词语的意思、根据课文内容填空、根据课文内容回答问题、课堂活动等。非常设题型根据课文内容的特点和重难点来设置，主要有：根据词语画出对应的形状、根据课文内容填表或填图、写出与单音节词语意思相同的双音节词语、词语连线、写出与书面语意思相同的口语、写反义词、根据课文内容把语素或词语组成术语、用汉语的固定结构解释指定的术语、写出课文各段的主要内容、名词解释，以及结合阅读技能完成相关的练习等。

教材最后有三个附录：一是部分练习的参考答案；二是听力语料；三是生词总表，包括生词、拼音和课序，为方便学生查找，生词总表不划分普通词语和专业词语。

本教材的编写和出版得到了前辈、同仁和学生的帮助与支持。原中山医科大学洪材章教授编写的医学汉语讲义，对本教材的编写有一定的启发，在此表示衷心的感谢。本教材的课文参考了国内通行的多种"医学细胞生物学"专业教材，在此对相关教材的编者表示诚挚的感谢。本教材在中山大学医学院试用多年，吸取了北京传媒大学的乐琦老师及中山大学2010级汉语国际教育研究生宋晓婷硕士论文的一些建议，也吸收了学生的反馈意见，在此一并致谢。

值此成书之际，我们还要特别感谢北京大学出版社的大力支持和帮助，尤其是邓晓霞女士和贾鸿杰女士，她们为教材的顺利编写和出版提出了不少宝贵的意见和建议，付出了大量的心血。

本教材得到了中山大学2017年重点教材建设项目的大力资助,谨致谢意。

　　因编写专业医学汉语教材可资借鉴的资料有限,本教材错漏之处在所难免。我们的邮箱分别是dengshl@mail.sysu.edu.cn(邓淑兰),zhuzimxy@163.com(莫秀英)。敬请同行和使用者批评指正。

编者

2017年9月于广州康乐园

目 录

第 一 课	生物小分子	1
第 二 课	核酸	12
第 三 课	蛋白质	22
第 四 课	细胞膜的组成	33
第 五 课	生物膜的分子结构	43
第 六 课	细胞连接	53
第 七 课	生物膜的特性	63
第 八 课	细胞膜与物质运输	73
第 九 课	重要的离子泵——钠-钾泵和钙泵	84
第 十 课	胞吞作用和胞吐作用	97
第十一课	内质网	109
第十二课	高尔基复合体	120
第十三课	线粒体	132
第十四课	细胞核	140
第十五课	染色质和染色体	149
第十六课	细胞增殖周期	158
第十七课	细胞分化	166
附 录 1	部分练习参考答案	175
附 录 2	听力语料	179
附 录 3	生词总表	190

生物小分子

 一、生词

普通词语

1.	组成	zǔchéng	动	一个一个的部分或东西组合成为一个整体。（详见注释1）
2.	构成	gòuchéng	动	形成某种结构。（详见注释1）
3.	基本	jīběn	形	主要的：～情况
4.	以及	yǐjí	连	和。用来连接并列的词语或句子。（详见注释2）
5.	物质	wùzhì	名	matter：化学～
6.	通常	tōngcháng	副	表示在一般的情况下，行为、事情有规律地发生。
7.	称为	chēngwéi	动	叫做：A～B。（详见注释3）
8.	含量	hánliàng	名	一种物质中含有的某种成分的数量：水的～
9.	在……中	zài……zhōng		（详见注释5）
10.	形式	xíngshì	名	事物的形状、结构等。form，shape：以两种～存在。（详见注释6）
11.	状态	zhuàngtài	名	人或事物表现出来的形态。state：游离～。（详见注释6）
12.	即	jí	动	就是。
13.	为	wéi	动	是。

14. 成分	chéngfèn	名	指构成事物的各种不同的物质或因素：化学~。（详见注释4）
15. 营养	yíngyǎng	名	nutrition
16. 功能	gōngnéng	名	function
17. 含有	hányǒu	动	有。contain（详见注释8）

专业词语

1. 细胞	xìbāo	名	cell
2. 元素	yuánsù	名	element
3. 氨基酸	ānjīsuān	名	amino acid
4. 蛋白质	dànbáizhì	名	protein
5. 核酸	hésuān	名	nucleic acid
6. 有机物	yǒujīwù	名	organic compound
有机	yǒujī	形	organic
7. 无机盐	wújīyán	名	inorganic salts
无机	wújī	形	inorganic
8. 单糖	dāntáng	名	分子结构比较简单的糖，不能水解成更简单的糖。如葡萄糖、果糖等。monosaccharide
9. 核苷酸	hégānsuān	名	nucleotide
10. 分子量	fēnzǐliàng	名	molecular weight
11. 组分	zǔfèn	名	指混合物中的各个成分。如空气中的氧、氢、氮等都是空气的组分。（详见注释4）
12. 溶剂	róngjì	名	能溶解其他物质的物质。solvent
13. 溶液	róngyè	名	溶剂和它所溶解的物质的混合物。solution
14. 结合水	jiéhéshuǐ	名	bound water

	结合	jiéhé	动	combine：A 与 B ~。（详见注释 7）
15.	游离水	yóulíshuǐ	名	free water
	游离	yóulí	动	不易化合或很容易从化合物中分离的。free：~水
16.	离子	lízǐ	名	ion
17.	阳离子	yánglízǐ	名	cation
18.	阴离子	yīnlízǐ	名	anion
19.	碳化合物	tàn huàhéwù		含有碳的化合物。
20.	脂肪酸	zhīfángsuān	名	fatty acid
21.	碳水化合物	tàn shuǐ huàhéwù		carbohydrate
22.	戊糖	wùtáng	名	含有五个碳原子的糖。
	戊	wù	数	五。（详见注释 9）
23.	己糖	jǐtáng	名	含有六个碳原子的糖。
	己	jǐ	数	六。（详见注释 9）
24.	核糖	hétáng	名	ribose
25.	葡萄糖	pútáotáng	名	glucose
26.	细胞膜	xìbāomó	名	cell membrane
27.	脱氧核糖核酸	tuōyǎng hétáng hésuān		DNA
	脱氧	tuōyǎng		deoxy-
28.	核糖核酸	hétáng hésuān		RNA

二、课文

活**细胞**主要由碳（C）、氢（H）、氧（O）、氮（N）、磷（P）、硫（S）六种**元**

问题 1：活细胞主要由哪些元素组

素组**成**，它们**构成**细胞重量的99%以上。这些**基本**元素构成细胞里的水、**氨基酸**、**蛋白质**、糖类、**核酸**以及其他的**有机物**。其中水、**无机盐**、**单糖**、氨基酸以及**核苷酸**等物质，**分子量小**，通常称为生物小分子。

水是活细胞中**含量**最多的一种**组分**。它是一种良好的**溶剂**，细胞内许多生物化学反应都**在水溶液中**进行。细胞中的水，以两种**形式**存在：与蛋白质**结合**的称**结合水**；**游离**的称**游离水**。

细胞中的无机盐都以**离子状态**存在，含量较多的无机盐**阳离子**有钠（Na^+）、钾（K^+）、钙（Ca^{2+}）、铁（Fe^{3+}）、镁（Mg^{2+}）等；**阴离子**有氯（Cl^-）、硫酸根（SO_4^{2-}）、磷酸根（PO_4^{3-}）、碳酸氢根（HCO_3^-）等。

细胞内的小有机分子是**碳化合物**。细胞中主要有四类有机小分子：单糖、**脂肪酸**、氨基酸和核苷酸，由它们可构成生物大分子。

糖类主要是由碳、氧、氢三种元素构成，又称**碳水化合物**。最简单的糖**即**单糖。细胞内最重要的单糖**为戊糖**和己糖。戊糖中的**核糖**是核酸和游离核苷酸的主要**成分**，己糖中的**葡萄糖**是细胞的主要**营养**物质。

脂肪酸也是细胞的营养物质，但它最重要的**功能**是构成**细胞膜**。

氨基酸是**含有**一个或两个氨基的有机酸，是蛋白质的基本单位。

核苷酸是**脱氧核糖核酸**（DNA）和**核糖核酸**（RNA）的基本结构分子。

成？它们构成细胞里的什么物质？哪些物质是生物小分子？

问题2：活细胞中含量最多的组分是什么？结合水和游离水有什么不同？

问题3：细胞中的无机盐都以什么状态存在？含量较多的阳离子和阴离子有哪些？

问题4：什么是碳化合物？细胞中主要有哪些有机小分子？

问题5：碳水化合物主要由哪些元素构成？细胞内最重要的单糖有哪些？

三、课文图例

图1　化学元素周期表

四、注释

1. 由……组成

"由"是介词,后面的宾语表示来源。"组成"是动词,表示由一个一个的部分或东西组合成一个整体。如:

(1)水分子**由**两个氢原子和一个氧原子**组成**。
(2)化合物**由**两种或两种以上元素**组成**。

近义词辨析:组成—构成

"组成"和"构成"都表示由分开的一个一个的东西结合成更大的整个的东西,都常用在"由……"句式中,有时可互换。如:

(3)活细胞主要**由**碳、氢、氧、氮、磷、硫六种元素**组成**。(构成√)

"组成"可以做定语,"构成"不能。如:组成部分/组成成分。

"组成"常常指宏观层面的描述,"构成"既可以表示宏观,又可以表示微观。

"构成"可以表示一些**抽象**的事物,"组成"不能。如:

(4)碳等六种元素**构成**细胞重量的99%以上。(组成×)

2. 以及

连词。连接并列的词语或句子。连接的词语如果有主要和次要的区别,主要的一般放在"以及"前面。如:

(1)水、无机盐、单糖、氨基酸**以及**核苷酸等物质,称为生物小分子。
(2)这些基本元素构成细胞里的水、氨基酸、蛋白质、糖类、核酸**以及**其他的有机物。

3. 称为—称—叫做

"称为"和"称"是书面语,一般可以互换。但如果前面有"把……"或"将……"等介词短语,只能用"称为"。"叫做"是**口语**。如:

(1)我们通常把含有碳、氢、氧三种元素的糖类**称为**碳水化合物。(称× 叫做√)

（2）与蛋白质结合的水**称**结合水。（称为√ 叫做√）

4. 成分—组分

"组分"指的是混合物中的各个成分。"成分"指的不一定是混合物的，有些物质只有单一成分，此时不能用"组分"。指抽象事物时用"成分"不用"组分"，如"化学成分、营养成分"等都不能用"组分"。

5. 在……中

"在"，介词，常跟名词或名词性词组和方位词"中""上""里"结合形成"在 ＋ N. ＋ 中（上、里）"的结构，在句中做状语或补语，表示范围。例如：

（1）细胞内许多生物化学反应都**在**水溶液**中**进行。（在……里√）

（2）**在**细胞**中**主要有单糖、脂肪酸、氨基酸和核苷酸四类有机小分子。（在……里√）

（3）水是一种良好的溶剂，把盐放**在**水**中**，盐很快就会溶解。

6. 以……形式/状态 ＋ V.

"形式/状态"等词前可加上名词或数量词做定语，放在介词"以"后，构成介词短语，表示动作的方式。后边常用的动词有"存在、构成"等。如：

（1）细胞中的水**以**结合水和游离水两种**形式**存在。

（2）细胞中的无机盐都**以**离子**状态**存在。

7. A与B结合/A与B结合（形）成C

当表示两个或两个以上的物质结合在一起时，用"A与B结合"；当表示两个或两个以上的物质结合后形成一个新的物质时，用"A与B结合（形）成C"。如：

（1）细胞中的水能**与**蛋白质**结合**。

（2）细胞中的水**与**蛋白质**结合**（形）**成**结合水。

8. 含有—含

"含有"和"含"都用在书面语中,表示"有"。常与"成分、部分、元素、组分、营养"等词语搭配。"含"跟"含有"意思相同,用于肯定句时可以互换,用于否定句在"不"后面用"含",不用"含有"。如:

(1) 氨基酸是**含有**一个或两个氨基的有机酸。(含√)

(2) 糖尿病人应该吃不**含**糖的食物。(含有×)

9. 戊—己

中国传统用来表示次序的词。从一到十分别是:甲、乙、丙、丁、戊、己、庚、辛、壬、癸。称为"天干",又叫"十干"。化学上含碳的化合物,也常用"十干"来表示从一到十的碳原子数目。如果碳原子数目超过十,就用中文数字"十一、十二"等表示。如:

戊糖、己糖、十一烷

10. 常用算式、数字和单位的汉语读法

1 + 1=2　　　读作"一加一等于二"

2 − 1=1　　　读作"二减一等于一"

2 × 2=4　　　读作"二乘以二等于四"

6 ÷ 3=2　　　读作"六除以三等于二"

2^2　　　　　读作"二的二次方"

2^3　　　　　读作"二的三次方"

2^{10}　　　　读作"二的十次方"

m:米　　　　cm:厘米　　　　mm:毫米　　　　μm:微米

kg:千克/公斤　g:克　　　　　mg:毫克

l:升　　　　ml:毫升

五、练习

(一) 听与读

碳　氢　氧　氮　磷　硫　钠　钾　钙　铁　镁　氯

硫酸根　磷酸根　碳酸氢根　碳化合物　碳水化合物
分子　小分子　大分子　有机　无机　细胞膜
离子　阳离子　阴离子　溶剂　溶液　结合水　游离水
氨基酸　核苷酸　核酸　脂肪酸　脱氧核糖核酸　核糖核酸
糖类　单糖　戊糖　己糖　核糖　葡萄糖
有机物　无机盐　蛋白质　组分　成分

（二）写出下列符号的中文名称和汉语拼音

H____　____　　S____　____　　C____　____　　O____　____

N____　____　　P____　____　　Mg^{2+}____　____　　Fe^{3+}____　____

K^+____　____　　Na^+____　____　　Ca^{2+}____　____　　Cl^-____　____

PO_4^{3-}____　____　　SO_4^{2-}____　____

HCO_3^-____　____　　DNA____　____

RNA____　____

（三）根据下面的中文名称写出正确的符号

脱氧核糖核酸_____　　核糖核酸_____　　铁_____

钙_____　　氯_____　　氢_____

氮_____　　钾_____　　硫_____

磷_____　　氧_____　　碳_____

钠_____　　镁_____　　磷酸根_____

硫酸根_____　　碳酸氢根_____

（四）选择词语填空，每个词语只能用一次

组成　　构成　　称为　　组分　　成分

1. 细胞中的生物大分子主要由单糖、脂肪酸、氨基酸和核苷酸等_____。

2. 细胞中水的_____成分包括结合水和游离水。

3. 葡萄糖是细胞的主要营养_____。

4. 水是活细胞中含量最多的一种_____。

5. 与蛋白质结合的水_____结合水。

（五）根据课文内容完成下列句子

1. 活细胞主要由碳、_____、氧、_____、磷和_____六种元素组成。
2. 细胞内的许多化学反应在_____中进行。
3. 细胞中的水以_____两种形式存在。
4. 水与_____结合形成_____。
5. 细胞中主要有单糖、_____、氨基酸和_____四类有机小分子。
6. 糖类主要是由_____三种元素构成。
7. 蛋白质的基本单位是_____。

（六）根据课文回答问题

1. 哪些物质通常称为生物小分子？为什么？

2. 脂肪酸最重要的功能是什么？

3. DNA和RNA的基本结构分子是什么？

（七）用汉语读出下列算式、数字和单位

$1+2=3$　　$3-1=2$　　$2\times 3=6$　　$8\div 4=2$　　3^2　3^3　3^{10}

m　　cm　　mm　　μm　　kg　　g　　mg

l　　ml

（八）课堂活动

两人一组，一人说出课文里出现的化学元素和无机盐名称，另一人写出相应的符号。

（九）听力训练

1. 词语听写

2. 句子听写
   （1）_____
   （2）_____
   （3）_____
   （4）_____

3. 听后选择正确答案

   语段一：
   （1）下面哪种物质不是生物小分子？
      A. 水   B. 氨基酸   C. 蛋白质   D. 核苷酸

   语段二：
   （2）下面的离子中哪些是阳离子？
      A. 钠   B. 钾   C. 钙   D. 氯   E. 硫酸根   F. 碳酸氢根

   （3）细胞中的无机盐以什么状态存在？
      A. 分子   B. 原子   C. 离子   D. 电子

   语段三：
   （4）下面哪些是有机小分子？
      A. 糖类   B. 脂肪酸   C. 氨基酸   D. 蛋白质
      E. 核苷酸   F. 单糖

核 酸

一、生词

普通词语

1.	不论是…… 还是……	búlùn shì… háishì…		no matter...（详见注释1）
2.	结构	jiégòu	名	各个组成部分的排列、组合。structure: 基本~
3.	简称	jiǎnchēng	动	使名称简化：北京大学~北大。
4.	以…… 为……	yǐ…wéi…		用……作。（详见注释2）
5.	骨架	gǔjià	名	骨头架子，比喻在物体内部的基本的架子；这里指DNA分子的基本结构。structure, skeleton: 双链是DNA的~。
6.	链	liàn	名	chain：双~
7.	规律	guīlǜ	名	regularity: 他的生活很有~。
8.	螺旋	luóxuán	名	⌾ spiral
9.	方式	fāngshì	名	方法或形式。way, manner: 以螺旋的~
10.	绕	rào	动	围着转动。move around: 月亮~着地球转动。
11.	轴	zhóu	名	axis

12

四、注释

1. 不论是……还是……

"是……还是……"表示选择其中的一种。"不论"表示条件或情况不同但结果不变。句式"不论是A还是B"的意思是"A和B都",后面的句子常有副词"都"。这个句式常用在书面语中,口语里常说"不管是……,还是……"。如:

(1) **不论是**氯化钠**还是**碳酸钙,它们都是盐。

(2) **不论是**DNA**还是**RNA,它们的基本结构分子都是核苷酸。

2. 以……为……

介词"以"加后面的名词构成"以＋A＋为＋B"格式,意思是"用A做B"或"把A当做B"。如:

(1) DNA复制时,**以**解旋后的双链**为**模板进行碱基配对。

(2) DNA分子由**以**脱氧核糖—磷酸**为**骨架的双链组成。

3. 以……相连

"以＋N.＋相连"就是"用……相连接"的意思,后面还常跟动词"成/形成/构成"等。如:

(1) 氨基酸与氨基酸**以**肽键**相连**,形成肽(peptide)。

(2) 双螺旋链内侧的碱基相互**以**氢键**相连**。

4. 通过

介词。后面可以跟名词、动词和小句。意思是用人、某种东西或方法达到某种目的,或者产生一个结果。如:

(1) DNA双链解旋分开,每一条链各为模板,**通过**碱基互补而连接上各个单核苷酸。

(2) DNA分子可以**通过**转录产生RNA分子。

5. 而

连词。多用于书面语。前面可用介词结构等，把表示目的、原因、方式、状态的成分连接到动词上面。如：

（1）水由氢和氧化合**而**成。

（2）DNA双链通过解旋**而**分开。

6. 动词+上

"动词+上"，表示动作有结果，有时还有互相靠近、连接在一起的意思，后面常跟名词。如：

（1）碱基加戊糖形成核苷后，再**连接上**磷酸，就形成了核苷酸。

（2）碱基**加上**脱氧核糖后形成脱氧核糖核苷。

7. 母- / 子-

"母-"和"子-"都可以做词头，放在名词的前面，构成新词。"母-"指有产生出其他事物能力或作用的事物或个体，如：

母机、**母**体、**母**链、**母**公司、**母**钟；

"子-"指新产生出来的事物或个体。如：

子链、**子**公司、**子**钟。

五、练习

（一）听与读

碱基　腺嘌呤　鸟嘌呤　胞嘧啶　胸腺嘧啶　尿嘧啶　核糖体
碱基互补　碱基配对　核糖　脱氧核糖　核糖核苷　脱氧核糖核苷
遗传信息　核糖体RNA　转运RNA　信使RNA　转录　复制

（二）把下列术语与对应的符号连接起来

腺嘌呤　　　　　　　mRNA

鸟嘌呤　　　　　　　G

胞嘧啶　　　　　　　tRNA

胸腺嘧啶　　　　　　C

尿嘧啶　　　　　　　rRNA

核糖体RNA　　　　　U

转运RNA　　　　　　A

信使RNA　　　　　　T

（三）完成下列式子并用汉语写出句子

1. 碱基＋戊糖＝

2. 碱基＋脱氧核糖＝

3. （碱基＋戊糖）＋磷酸＝

4. （碱基＋脱氧核糖）＋磷酸＝

5. 单核苷酸＋单核苷酸＋单核苷酸＋……＝

（四）根据课文内容完成下列句子

1. 细胞内的核酸可分为＿＿＿＿＿＿和＿＿＿＿＿＿。

2. DNA和RNA的基本结构分子都是＿＿＿＿＿＿。

3. 核苷可分为核糖核苷和＿＿＿＿＿＿。

4. DNA分子由以脱氧核糖－＿＿＿＿＿＿为骨架的双链组成。

5. DNA的主要功能是携带和传递＿＿＿＿＿＿。

6. DNA携带的遗传信息由多核苷酸链上的碱基种类、数量和＿＿＿＿＿＿决定。

（五）名词解释

半保留复制——

（六）用括号中指定的词语回答问题

1. 细胞内的核酸分为几大类？（即）

2. 脱氧核糖核酸和核糖核酸的基本结构分子是什么？（不论是……还是）

3. 核苷酸由什么组成？（由……组成）

4. DNA分子是怎么形成的？（以……为……组成）

5. 什么决定了DNA分子所携带和传递的遗传信息？（由……决定）

6. RNA是怎么产生的？（由……产生）

7. 核糖体由哪些成分组成？它有什么作用？（由……组成）

（七）根据课文回答问题

1. 核糖核酸与脱氧核糖核酸有什么不同？

2. RNA主要有哪些种类？

（八）课堂活动

1. 互相说说DNA和RNA分别有哪些碱基。
2. 说一说DNA的半保留复制过程。

（九）听力训练

1. 词语听写

2. 句子听写

(1) _____

(2) _____

(3) _____

3. 听后选择正确答案

语段一：

（1）核苷酸先由哪两种成分结合，再加哪种成分形成？

  A. 碱基加戊糖，再加磷酸 B. 碱基加磷酸，再加戊糖

  C. 碱基加核苷，再加戊糖 D. 戊糖加核苷，再加磷酸

语段二：

（2）DNA分子不含下面哪种碱基？

  A. 腺嘌呤 B. 胞嘧啶

  C. 胸腺嘧啶 D. 尿嘧啶 E. 鸟嘌呤

语段三：

（3）生物体的遗传信息由什么决定？

  A. 多核苷酸 B. 多核苷酸链

  C. 碱基种类、数量 D. 多核苷酸链上的碱基种类、数量和排列顺序

语段四：

（4）蛋白质合成的氨基酸排列顺序由什么决定？

  A. 核糖体RNA B. 信使RNA C. 转运RNA

（5）核糖体由什么组成？

  A. 核糖体RNA与蛋白质 B. RNA 与核糖体蛋白

  C. 核糖体RNA与核糖体蛋白

（6）蛋白质在哪里合成？

  A. 核糖体RNA B. 核糖体蛋白 C. 核糖体

第三课

蛋白质

 一、生词

普通词语

1.	基础	jīchǔ	名	事物发展的开始。base：物质~。（详见注释1）
2.	不仅……而且……	bùjǐn…érqiě…		不但……而且…… not only...but also （详见注释2）
3.	几乎	jīhū	副	差不多；almost（详见注释3）
4.	参与	cānyù	动	（书面语）参加。take part in：~活动
5.	显示	xiǎnshì	动	清楚地表现出来：研究~
6.	自然界	zìránjiè	名	大自然，一般包括有机界和无机界。nature
7.	余	yú	数	表示"十、百、千"等整数后的小数目；多：10~人。（详见注释4）
8.	然而	rán'ér	连	（书面语）但是。
9.	序列	xùliè	名	按先后顺序排好的列、行。order：氨基酸的~
10.	便	biàn	副	就。（详见注释5）
11.	而	ér	连	表示并列。
12.	则	zé	连	用来连接前后不同的情况。while（详见注释6）

13. 确切	quèqiè	形	准确：~地说	
14. 绝对 (⟷相对)	juéduì (⟷xiāngduì)	形	没有任何条件的，不受任何限制的：~的条件	
15. 标准	biāozhǔn	名	对事物进行比较的依据或准则。standard：绝对的~	
16. 区分	qūfēn	动	区别，分开。differentiate：~的标准	
17. 以……为界	yǐ…wéi jiè		（详见注释7）	
18. 数目	shùmù	名	数量。amount：氨基酸的~	
19. 盘绕	pánrào	动	环绕。around：她的头发~在头顶上。	
20. 折叠	zhédié	动	物体的一部分翻过来和另一部分紧挨在一起。fold：~床	
21. 所	suǒ		所+V.+的+N.=V.+的+N.（详见注释8）	
22. ~性	xìng		名词词尾。表示特点、能力、性质。（详见注释9）	
23. 局部	júbù	名	一部分，不是全部。part：~的结构	
24. 某	mǒu	代	用在名词前面，指不确定的人或事物。some：~人｜~地｜~种无机物｜~种化学反应	
25. 空间	kōngjiān	名	物质存在的一种形式，由长、宽、高表现出来。space：~结构	
26. 类型	lèixíng	名	种类。type：结构的~	
27. 整条	zhěng tiáo		完整的一条：~肽链	
28. 盘曲	pánqū	形	弯曲，环绕。curl：~的山路	
29. 特定	tèdìng	形	指具体的某一种或某一个（人、地方、东西等）。specialized：~的结构	
30. 且	qiě	连	（书面语）并且、而且。	

31.	相对 (⟷绝对)(⟷juéduì)	xiāngduì	形	靠特定的条件存在，跟着这个条件变化的。relative：~的标准
32.	稳定	wěndìng	形	没有改变，不容易发生变化的。stable：相对~
33.	一旦	yídàn	副	（书面语）假设在某个时间发生新的情况。用在动词前做状语，后面的小句常用"就""即"，形成"一旦……就/即……"结构，相当于"如果……就……"。
34.	即	jí	副	就，立即，立刻，马上。
35.	须	xū	动	（书面语）必须。must

专业词语

1.	机体	jītǐ	名	有生命的单个的人或生物。organism
2.	生理	shēnglǐ	名	机体的生命活动以及体内各器官的作用和活动能力。physiology, physiological
3.	真核细胞	zhēnhé xìbāo		细胞核有膜与细胞质分开的细胞，如一般的动植物细胞。eukaryotic cell
4.	肽键	tàijiàn	名	具有CONH结构，用来连接氨基酸的键。peptide bond
5.	肽	tài	名	氨基酸与氨基酸相连形成的化合物。peptide
6.	寡肽	guǎtài	名	10个以下氨基酸组成的肽。oligopeptide
7.	多肽	duōtài	名	10个以上氨基酸组成的肽。polypeptide
8.	三维	sānwéi	名	有长、宽、高的空间。three-dimension：~空间

12.	内侧 (⟵外侧)	nèicè (⟵ wàicè)	名	向里的那一边。inner: 站在窗的～。
13.	以……相连	yǐ…xiānglián		用……相互连接。（详见注释3）
14.	配对	pèi duì		配合成双。match, pair: A 与 B ～
15.	单	dān	形	一个：～链
16.	走向	zǒuxiàng	名	方向。trend：～相反
17.	携带	xiédài	动	带。carry, bring: ～护照
18.	传递	chuándì	动	由一个交给另一个。transmit, deliver: ～消息
19.	信息	xìnxī	名	消息。information：携带～
20.	种类	zhǒnglèi	名	根据事物的特点等分成的类。kind, type：细胞的～很多。
21.	排列	páiliè	动	按先后排好。arrange: 按字母的先后～。
22.	顺序	shùnxù	名	事物排列的先后。sequence, order: 氨基酸的排列～
23.	模板	múbǎn	名	可以用它做样子来做成相同东西的物质。template: 以 DNA 的母链为～
24.	通过	tōngguò	介	by, through（详见注释4）
25.	互补	hùbǔ	动	互相补充。complementary: 性格～
26.	而	ér	连	（详见注释5）
27.	复制	fùzhì	动	copy: DNA ～
28.	新生	xīnshēng	形	新产生的。newly born：～儿
29.	母 –	mǔ		上一代的；能产生新东西的。main-: ～链（详见注释7）
30.	子 –	zǐ		下一代的；新产生的。sub-: ～链（详见注释7）

专业词语

1.	碱基	jiǎnjī	名	base
2.	磷酸	línsuān	名	H_3PO_4
3.	核糖核苷	hétáng hégān		ribonucleoside
	核苷	hégān	名	nucleoside
4.	脱氧核糖核苷	tuōyǎng hétáng hégān		deoxyribonucleoside
5.	腺嘌呤	xiàn piàolìng		A
	嘌呤	piàolìng	名	purine
6.	鸟嘌呤	niǎo piàolìng		G
7.	胞嘧啶	bāo mìdìng		C
8.	胸腺嘧啶	xiōngxiàn mìdìng		T
9.	尿嘧啶	niào mìdìng		U
10.	键	jiàn	名	在化学结构式中表示元素原子价的短横线。bond
11.	遗传	yíchuán	动	生物体的构造或生理机能由上代传给下代。inherit：～病
12.	解旋	jiěxuán	动	解开（DNA双链的）螺旋。
13.	转录	zhuǎnlù	动	是遗传信息从DNA转换到RNA的过程。transcription
14.	核糖体RNA	hétángtǐ RNA		rRNA
	核糖体	hétángtǐ	名	ribosome
15.	转运RNA	zhuǎnyùn RNA		tRNA
	转运	zhuǎnyùn	动	把从其他地方来的东西再运到别的地方。transfer：～商品

16. 信使 RNA	xìnshǐ RNA		mRNA
信使	xìnshǐ	名	传递消息或信息的人或动物。messenger
17. 合成	héchéng	动	通过化学反应使成分比较简单的物质变成成分复杂的物质。compound

二、课文

核酸是由许多核苷酸组成的生物大分子化合物，是生命的最基本物质之一。细胞内的核酸可分为两大类，即脱氧核糖核酸（DNA）和核糖核酸(RNA)。**不论是DNA还是RNA**，它们的基本**结构**分子都是核苷酸，核苷酸由**碱基**加戊糖形成**核苷**后，再加**磷酸**形成。由于组成核糖的戊糖分为核糖和脱氧核糖两种，因此核苷又可分为**核糖核苷**（简称核苷）和**脱氧核糖核苷**（简称脱氧核苷）。

DNA分子主要含有**腺嘌呤**(A)、**鸟嘌呤**（G）、**胞嘧啶**（C）、**胸腺嘧啶**（T）四种碱基，RNA分子主要含有腺嘌呤、鸟嘌呤、胞嘧啶和**尿嘧啶**（U）四种碱基。

DNA分子由**以脱氧核糖—磷酸为骨架**的双**链**组成，有规律地以**螺旋**的方式**绕着公共轴**；双螺旋链**内侧**的碱基相互**以氢键相连**，A与T，G与C配对；两条单链**走向**相反。

DNA的主要功能是**携带**和**传递遗传信息**。这些信息由多核苷酸链上的碱基**种类**、数量和**排列顺序**决定。

DNA双链**解旋**分开，每一条链各为**模板**，

问题1：核酸有哪两类？它们的基本结构分子是什么？核苷和核苷酸是怎么形成的？

问题2：DNA分子和RNA分子的碱基有什么异同？

问题3：DNA分子由什么组成？双链内侧的碱基以什么相连？为什么两条单链的走向相反？

问题4：DNA的遗传信息由什么决定？

问题5：DNA复

通过碱基互补而连接上各个单核苷酸，单核苷酸再连接成多核苷酸链。这样复制后新生的DNA双链都是由原来的一条母链和一条新的子链组成的，这种复制叫半保留复制。

RNA一般为单链，由DNA转录产生。RNA的种类很多，如核糖体RNA、转运RNA、信使RNA等。其中信使RNA能决定蛋白质合成的氨基酸排列顺序；核糖体RNA能与核糖体蛋白共同组成核糖体，核糖体是合成蛋白质的地方。

制时，有几条链作为模板？母链和子链的单核苷酸怎样连接？复制后新生的DNA双链有什么特点？

问题6：信使RNA和核糖体RNA有什么功能？

三、课文图例

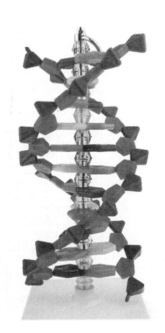

图1　DNA双链模型

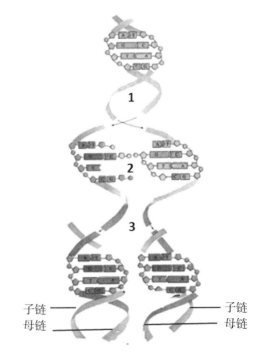

子链ーー　　　　　　ーー子链
母链ーー　　　　　　ーー母链

图2　DNA分子的复制
1. 分子的解旋
2. 以母链为模版进行碱基配对
3. 形成两个新的DNA分子

四、注释

1. 不论是……还是……

"是……还是……"表示选择其中的一种。"不论"表示条件或情况不同但结果不变。句式"不论是 A 还是 B"的意思是"A 和 B 都",后面的句子常有副词"都"。这个句式常用在书面语中,口语里常说"不管是……,还是……"。如:

(1) **不论是**氯化钠**还是**碳酸钙,它们都是盐。

(2) **不论是**DNA**还是**RNA,它们的基本结构分子都是核苷酸。

2. 以……为……

介词"以"加后面的名词构成"以＋A＋为＋B"格式,意思是"用A做B"或"把A当做B"。如:

(1) DNA复制时,**以**解旋后的双链**为**模板进行碱基配对。

(2) DNA分子由**以**脱氧核糖—磷酸**为**骨架的双链组成。

3. 以……相连

"以＋N.＋相连"就是"用……相连接"的意思,后面还常跟动词"成/形成/构成"等。如:

(1) 氨基酸与氨基酸**以**肽键**相连**,形成肽(peptide)。

(2) 双螺旋链内侧的碱基相互**以**氢键**相连**。

4. 通过

介词。后面可以跟名词、动词和小句。意思是用人、某种东西或方法达到某种目的,或者产生一个结果。如:

(1) DNA双链解旋分开,每一条链各为模板,**通过**碱基互补而连接上各个单核苷酸。

(2) DNA分子可以**通过**转录产生RNA分子。

5. 而

连词。多用于书面语。前面可用介词结构等,把表示目的、原因、方式、状态的成分连接到动词上面。如:

(1)水由氢和氧化合**而**成。

(2)DNA双链通过解旋**而**分开。

6. 动词+上

"动词+上",表示动作有结果,有时还有互相靠近、连接在一起的意思,后面常跟名词。如:

(1)碱基加戊糖形成核苷后,再**连接上**磷酸,就形成了核苷酸。

(2)碱基**加上**脱氧核糖后形成脱氧核糖核苷。

7. 母- / 子-

"母-"和"子-"都可以做词头,放在名词的前面,构成新词。"母-"指有产生出其他事物能力或作用的事物或个体,如:

母机、**母**体、**母**链、**母**公司、**母**钟;

"子-"指新产生出来的事物或个体。如:

子链、**子**公司、**子**钟。

五、练习

(一)听与读

碱基 腺嘌呤 鸟嘌呤 胞嘧啶 胸腺嘧啶 尿嘧啶 核糖体

碱基互补 碱基配对 核糖 脱氧核糖 核糖核苷 脱氧核糖核苷

遗传信息 核糖体RNA 转运RNA 信使RNA 转录 复制

（二）把下列术语与对应的符号连接起来

腺嘌呤　　　　　mRNA

鸟嘌呤　　　　　G

胞嘧啶　　　　　tRNA

胸腺嘧啶　　　　C

尿嘧啶　　　　　rRNA

核糖体RNA　　　U

转运RNA　　　　A

信使RNA　　　　T

（三）完成下列式子并用汉语写出句子

1. 碱基＋戊糖＝

2. 碱基＋脱氧核糖＝

3.（碱基＋戊糖）＋磷酸＝

4.（碱基＋脱氧核糖）＋磷酸＝

5. 单核苷酸＋单核苷酸＋单核苷酸＋……＝

（四）根据课文内容完成下列句子

1. 细胞内的核酸可分为_____和_____。

2. DNA和RNA的基本结构分子都是_____。

3. 核苷可分为核糖核苷和_____。

4. DNA分子由以脱氧核糖—_____为骨架的双链组成。

5. DNA的主要功能是携带和传递_____。

6. DNA携带的遗传信息由多核苷酸链上的碱基种类、数量和_____决定。

（五）名词解释

半保留复制——

（六）用括号中指定的词语回答问题

1. 细胞内的核酸分为几大类？（即）

2. 脱氧核糖核酸和核糖核酸的基本结构分子是什么？（不论是……还是）

3. 核苷酸由什么组成？（由……组成）

4. DNA分子是怎么形成的？（以……为……组成）

5. 什么决定了DNA分子所携带和传递的遗传信息？（由……决定）

6. RNA是怎么产生的？（由……产生）

7. 核糖体由哪些成分组成？它有什么作用？（由……组成）

（七）根据课文回答问题

1. 核糖核酸与脱氧核糖核酸有什么不同？

2. RNA主要有哪些种类？

（八）课堂活动

1. 互相说说DNA和RNA分别有哪些碱基。
2. 说一说DNA的半保留复制过程。

（九）听力训练

1. 词语听写

2. 句子听写

（1）_____

（2）_____

（3）_____

3. 听后选择正确答案

语段一：

（1）核苷酸先由哪两种成分结合，再加哪种成分形成？

　　A. 碱基加戊糖，再加磷酸　　　B. 碱基加磷酸，再加戊糖

　　C. 碱基加核苷，再加戊糖　　　D. 戊糖加核苷，再加磷酸

语段二：

（2）DNA分子不含下面哪种碱基？

　　A. 腺嘌呤　　　　　　　B. 胞嘧啶

　　C. 胸腺嘧啶　　　　　　D. 尿嘧啶　　　　　　E. 鸟嘌呤

语段三：

（3）生物体的遗传信息由什么决定？

　　A. 多核苷酸　　　　　　B. 多核苷酸链

　　C. 碱基种类、数量　　　D. 多核苷酸链上的碱基种类、数量和排列顺序

语段四：

（4）蛋白质合成的氨基酸排列顺序由什么决定？

　　A. 核糖体RNA　　　　B. 信使RNA　　　　C. 转运RNA

（5）核糖体由什么组成？

　　A. 核糖体RNA与蛋白质　　B. RNA与核糖体蛋白

　　C. 核糖体RNA与核糖体蛋白

（6）蛋白质在哪里合成？

　　A. 核糖体RNA　　　　B. 核糖体蛋白　　　　C. 核糖体

蛋白质

 一、生词

普通词语

1.	基础	jīchǔ	名	事物发展的开始。base：物质～。（详见注释1）
2.	不仅……而且……	bùjǐn… érqiě…		不但……而且…… not only...but also（详见注释2）
3.	几乎	jīhū	副	差不多；almost（详见注释3）
4.	参与	cānyù	动	（书面语）参加。take part in：～活动
5.	显示	xiǎnshì	动	清楚地表现出来：研究～
6.	自然界	zìránjiè	名	大自然，一般包括有机界和无机界。nature
7.	余	yú	数	表示"十、百、千"等整数后的小数目；多：10～人。（详见注释4）
8.	然而	rán'ér	连	（书面语）但是。
9.	序列	xùliè	名	按先后顺序排好的列、行。order：氨基酸的～
10.	便	biàn	副	就。（详见注释5）
11.	而	ér	连	表示并列。
12.	则	zé	连	用来连接前后不同的情况。while（详见注释6）

9. 亚基	yàjī	名	指一个完整单位的次一级单位。subunit
基	jī	名	化合物的分子中所含的一部分原子被看作是一个单位时，称作"基"。base：氨~
10. 活性	huóxìng	名	指化学性质活泼，反应快的。active

二、课文

蛋白质是生命的物质**基础**，它**不仅**是细胞的主要组分，**而且**几乎**参与机体**的一切**生理**活动。一个**真核细胞**中可有上千种蛋白质。

氨基酸是蛋白质的基本单位。研究**显示**，**自然界**中存在的氨基酸有300**余**种，**然而**组成蛋白质的氨基酸只有20种。这20种氨基酸可以排列成不同的**序列**，不同的氨基酸序列**便**形成不同种类的蛋白质。

在蛋白质分子中，氨基酸之间以**肽键**相连形成**肽**。由10个以下的氨基酸形成的肽称**寡肽**，**而**由10个以上氨基酸组成的则称**多肽**。**确切**地说，多肽和蛋白质之间没有**绝对**的**标准区分**，一般以50—100个氨基酸为**界**。

组成蛋白质的肽链中氨基酸的种类、**数目**和排列顺序是蛋白质的一级结构。多肽链骨架**盘绕折叠所**形成的有规律**性**的结构是二级结构，它是指**局部**或某一段肽链的**空间**结构。最基本的二级结构**类型**有α-螺旋结构和β-折叠结构。蛋白质的三级结构就是**整条肽链**的**三维**

问题1：为什么说蛋白质是生命的物质基础？

问题2：蛋白质的基本单位是什么？组成蛋白质的氨基酸有多少种？蛋白质的种类是由什么决定的？

问题3：肽是怎样形成的？寡肽、多肽、蛋白质有什么不同？

问题4：问题：蛋白质的结构类型有几种？最基本的二级结构类型有哪些？三级结构和二

结构，它是在二级结构的基础上再**盘曲**折叠而成的。各种蛋白质在自然状态下肽链都折叠、盘曲成**特定**的**且相对稳定**的三级结构，这是蛋白质功能的基础。四级结构由多个三级结构构成，此时的三级结构称为**亚基**。只有一条多肽链构成的蛋白质，**一旦**形成三级结构**即**表现出生物**活性**。但由两条或两条以上多肽链构成的蛋白质，则**须**构成四级结构才能表现出活性。

级结构有什么不同？哪种结构的蛋白质能表现出生物活性？

三、课文图例

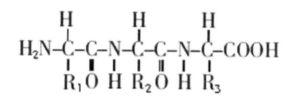

图1 肽键（CONH）

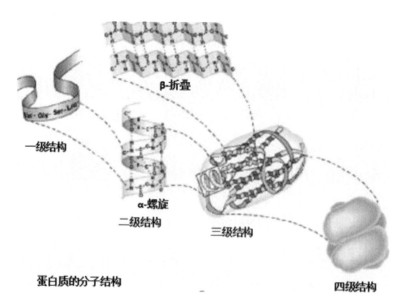

图2 蛋白质的分子结构

四、注释

1. 基础（在……基础上）

"基础"表示事物发展的开始或根本。"在……基础上"是书面语常用格式，表示把事物原来已经发展到的水平或层次作为继续发展的起点。如：

（1）核苷酸**在**碱基加戊糖形成核苷的**基础上**再加磷酸形成。

（2）由两条或两条以上多肽链构成的蛋白质，**在**形成三级结构的**基础上**，再由多个三级结构形成四级结构后，才能表现出活性。

2. 不仅……而且……

"不仅""而且"都是连词，分别连接前后两个分句，后面一句的意思常常比前面的更深一层，更进一步。这个格式和"不但……而且……"意思、用法一样。如：

（1）水在活细胞中**不仅**含量最多，**而且**细胞内的许多生物化学反应都在水中进行。

（2）碳、氢、氧、氮、磷、硫六种元素**不仅**构成细胞重量的99%以上，**而且**构成细胞里的水、氨基酸、蛋白质、糖类、核酸以及其他的有机物。

3. 几乎

副词。表示非常接近一种情况。差不多；差点儿。如：

（1）蛋白质**几乎**参与机体的一切生理活动。

（2）DNA分子与RNA分子含有的碱基**几乎**完全一样。

4. 余

用在"十、百、千、万"等整数后面，表示剩下的小数目。口语常用"多"表示。如：

10**余**人，百**余**种氨基酸，2000**余**米深。

5. 便

副词。"就"的意思，表示在某种条件或情况下肯定会出现结果。书面语。如：

（1）水与蛋白质结合**便**形成了结合水。

（2）核苷加上磷酸**便**形成了核苷酸。

6. 则

连词。用在第二个分句里，指后面的情况与前面的不同。常放在谓语的前边，如果谓语前面有状语，"则"常放在状语前边。带"则"的分句开头还可以加"而"，表示对比关系，如：

（1）在所有细胞中无机盐都以离子状态存在，而水**则**以游离水和结合水两种形式存在。

（2）碱基加核糖后构成核糖核苷，碱基加脱氧核糖后**则**构成脱氧核糖核苷。

7. 以……为界

"界"：界限、区分的标准。"以……为界"就是"把……当做区分的标准"。如：

（1）寡肽与多肽的区分一般**以**10个氨基酸**为界**，由10个以下氨基酸组成的称寡肽，由10个以上氨基酸组成的称多肽。

（2）结合水与游离水的区分**以**水分子有没有跟蛋白质结合**为界**。

8. 所

"所+动词"用在名词前面，构成"所+V.+的+N."的书面语格式，意思和"动词+的+名词"的一般格式一样。如：

（1）细胞中**所**含有的四类有机小分子主要是：单糖、脂肪酸、氨基酸和核苷酸。

（2）DNA分子**所**携带和传递的遗传信息由多核苷酸链上的碱基种类、数目和序列决定。

9. ~性

用在动词、形容词、名词或词组后面，构成名词性词语，表示人或事物具有的性质、特点等。如：

碱**性**、酸**性**、活**性**、弹**性**、抗氧化**性**。

五、练习

（一）听与读

真核细胞　氨基酸序列　肽　肽键　寡肽　多肽　肽链　多肽链

亚基　生物活性　蛋白质的一级结构　蛋白质的二级结构

蛋白质的三级结构　蛋白质的四级结构　α-螺旋结构

β-折叠结构　三维结构

（二）选词填空

　　余　　便　　所　　某　　则　　须　　为　　以及　　而

1. 细胞中的水与蛋白质结合_____形成结合水。

2. 人体_____必需的营养成分_____水、蛋白质、碳水化合物、脂肪、无机盐_____维生素等。

3. 夏天出汗多，每人每天_____喝8—10杯水。

4. 人们常常看到_____广告说_____种药对_____类病人特别好，但很多都是假的。

5. 人们已经发现的无机盐大约有60_____种。

6. 细胞中的水、无机盐、单糖、氨基酸以及核苷酸等物质，分子量小，称为生物小分子；_____蛋白质、核酸及糖脂等物质，分子量、体积都较大，_____称为生物大分子。

（三）解释下面句子中画线的词语

1. 蛋白质几乎参与机体的一切生理活动。

　　几乎：　　　　　　　　　参与：

2. 自然界中存在的氨基酸有300余种，然而组成蛋白质的氨基酸只有20种。

余：　　　　　　　　　　然而：

3. 组成蛋白质的20种氨基酸可以排列成不同的序列，不同的氨基酸序列便形成不同种类的蛋白质。

便：

4. 各种蛋白质在自然状态下肽链都折叠、盘曲成特定的且相对稳定的三级结构。

且：

5. 只有一条多肽链构成的蛋白质，一旦形成三级结构即表现出生物活性。

一旦……即……：

（四）根据课文内容完成下列句子

1. 生命的物质基础是_____。
2. 氨基酸是_____的基本单位，_____可以排列成不同的序列，不同的_____序列便形成不同种类的蛋白质。
3. 肽是由氨基酸通过_____相连形成的化合物。一般由小于10个氨基酸组成的肽称_____，10个以上的则称_____。
4. 蛋白质的一级结构是组成蛋白质的_____中氨基酸的种类、_____和排列顺序。
5. 蛋白质最基本的二级结构类型有_____和_____。
6. 四级结构由多个_____构成，此时的三级结构称为_____。

（五）名词解释

1. 寡肽和多肽——
2. 蛋白质的二级结构——

（六）根据课文判断正误

1.（　）蛋白质参与机体的全部生理活动。

2.（　）蛋白质的种类由氨基酸的排列顺序决定。

3.（　）多肽和寡肽以10个氨基酸为界。

4.（　）多肽和蛋白质之间很难划出明确界限，一般以50—100个氨基酸为界。

5.（　）α-螺旋结构和β-折叠结构是蛋白质的两种基本结构类型。

6.（　）蛋白质的二级结构是局部或某一段肽链的空间结构，而三级结构则是一条完整的肽链的空间结构。

7.（　）各种蛋白质在自然状态下以三级结构形式存在，有生物活性。

（七）根据课文回答问题

1. 蛋白质的种类是由什么决定的？

2. 什么是蛋白质的一级结构？

3. 蛋白质的二级结构和三级结构有什么不同？

（八）课堂活动

互相说说蛋白质的四种结构类型。

（九）听力训练

1. 词语听写

2. 句子听写

（1）_____

（2）_____

（3）_____

3. 听后判断正误

语段一：

（　）（1）在蛋白质分子中，氨基酸之间以肽键相连形成肽。

（　）（2）蛋白质和多肽之间有绝对的区分标准，以100个氨基酸为界。

（　）（3）由10个以上氨基酸组成的肽称多肽。

语段二：

（　）（4）局部或某一段肽链的空间结构是蛋白质的一级结构。

（　）（5）蛋白质的三级结构是指整条肽链的三维结构。

（　）（6）四级结构由多个亚基构成。

第四课

细胞膜的组成

一、生词

普通词语

1.	相似	xiāngsì	形	差不多：~的形状
2.	性质	xìngzhì	名	nature：相似的~
3.	金属	jīnshǔ	名	metal：~离子
4.	由此	yóucǐ		从这里。（详见注释1）
5.	于	yú	介	在。（详见注释2）
6.	一种……， 另一种……	yì zhǒng… lìng yì zhǒng…		用于先总后分的复句。（详见注释3）
7.	球形	qiú xíng		球一样的外表：~糖｜~蛋糕
8.	运输	yùnshū	动	用交通工具把东西或人从一个地方运到另一个地方。transport：~蛋白
9.	相关	xiāngguān	动	互相联系和影响：~条件
10.	接收	jiēshōu	动	收受。receive：~电子邮件
11.	传导	chuándǎo	动	conduct, transduct
12.	信号	xìnhào	名	signal：化学~｜交通~
13.	表面	biǎomiàn	名	surface：身体~｜桌子~
14.	相互	xiānghù	副	互相。each other：~帮助｜~学习
15.	识别	shíbié	动	distinguish：相互~
16.	起……作用	qǐ…zuòyòng		对事物产生影响。（详见注释4）
17.	非-	fēi		（详见注释5）

专业词语

1.	质膜	zhìmó	名	plasma membrane
2.	细胞器	xìbāoqì	名	organelle
3.	生物膜	shēngwùmó	名	biological membrane
4.	磷脂	línzhī	名	phospholipid
5.	胆固醇	dǎngùchún	名	cholesterol
6.	糖脂	tángzhī	名	glycolipid
7.	兼性分子	jiānxìng fēnzǐ		amphipathic molecule
8.	亲水（末端）	qīnshuǐ（mòduān）		hydrophilic (head)
9.	疏水（末端）	shūshuǐ（mòduān）		hydrophobic (tails)
10.	分子团	fēnzǐtuán	名	molecule group
11.	运输蛋白	yùnshū dànbái		transport protein
12.	酶	méi	名	enzyme
13.	催化	cuīhuà	动	使化学反应的速度改变。catalyze
14.	代谢反应	dàixiè fǎnyìng		生物体内新物质代替旧物质的过程叫代谢。代谢反应是指有机体因为代谢而引起的相应的活动。metabolist reaction
15.	受体	shòutǐ	名	receptor
16.	表面抗原	biǎomiàn kàngyuán		surface antigen
17.	连接蛋白	liánjiē dànbái		junctional protein
18.	膜周边蛋白	mó zhōubiān dànbái		peripheral protein

	周边	zhōubiān	名	周围。
19.	膜内在蛋白	mó nèizài dànbái		integral protein
	内在	nèizài	名	里面。
20.	镶嵌蛋白	xiāngqiàn dànbái		mosaic protein
	镶嵌	xiāngqiàn	动	把东西放入另一东西内并使它固定不动。mosaic，inlay：～牙齿
21.	低聚（糖）	dījù(táng)	名	oligosaccharide
22.	衍生物	yǎnshēngwù	名	derivative
23.	胞质	bāozhì	名	cytoplasm
24.	半乳糖	bànrǔtáng	名	galactose
25.	甘露糖	gānlùtáng	名	mannose
26.	岩藻糖	yánzǎotáng	名	fucose
27.	半乳糖胺	bànrǔtáng'àn	名	galactosamine
28.	葡萄糖胺	pútáotáng'àn	名	glucosamine
29.	唾液酸	tuòyèsuān	名	sialic acid

二、课文

细胞膜又称为**质膜**。在真核细胞中，细胞膜和细胞内部各种**细胞器**的膜统称为**生物膜**。生物膜有许多**相似**的**性质**，它们的化学组成基本相同，主要成分为脂类、蛋白质和糖类，还有少量水、无机盐和**金属**离子。

问题1：什么叫生物膜？它们的主要成分是什么？它和细胞膜一样吗？

膜脂包括**磷脂**、**胆固醇**和**糖脂**，它们都是**兼性分子**，即分子中具有一个亲水末端和一个疏水末端，**亲水末端**与水接触，**疏水末端**则藏于**分子团**内部。**由此**可以形成两种基本结构，**一种**是**球形分子团**，**另一种**是双分子层。

膜蛋白的种类很多，在膜中具有不同的功能。它们有的是**运输蛋白**，**转运**出入细胞的分子、离子；有的是**酶**，**催化**与膜相关的**代谢反应**；有的是**受体**，**接收**和传导细胞外的化学信号；有的是**表面抗原**，在细胞与细胞的**相互识别**中起重要作用；还有的是**连接蛋白**，将细胞与相邻细胞等连接起来。膜蛋白有些分布在膜的内、外表面，称为**膜周边蛋白**，约占膜蛋白的20%~30%；有些**镶嵌**于膜中，称为**膜内在蛋白**或**镶嵌蛋白**，约占膜蛋白的70%~80%。

细胞膜中的糖类为**低聚糖**，一般由1—10个单糖或单糖**衍生物**组成，它们连接于膜脂或膜蛋白上，形成糖脂或糖蛋白，糖链部分分布于膜的**非胞质面**。一个糖脂分子上只连接一条低聚糖链，而一个糖蛋白分子往往结合着多条糖链。动物细胞膜上的膜糖主要有7种，它们是葡萄糖、**半乳糖**、**甘露糖**、**岩藻糖**、**半乳糖胺**、**葡萄糖胺**和**唾液酸**。

问题2：膜脂有哪几种？它们有什么特点？膜脂的基本结构有哪几种？

问题3：按功能分，膜蛋白主要有哪几种？它们各有什么功能？按分布的位置分，膜蛋白主要有哪些？

问题4：细胞膜中的糖类有什么特点？

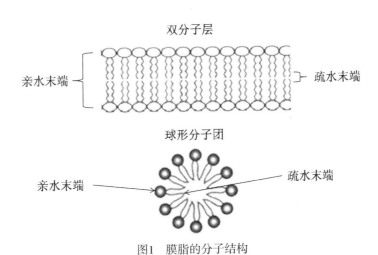

图1 膜脂的分子结构

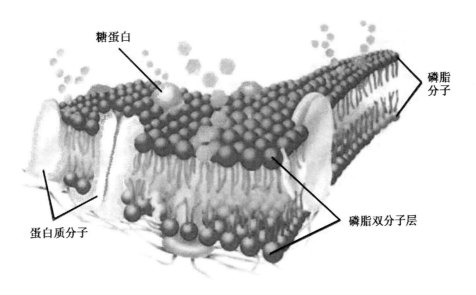

图2 膜脂和膜蛋白

四、注释

1. 由此

这是常用的书面语，意思是"从这里"。如：

（1）DNA的复制是半保留复制，**由此**产生的新的DNA链中，总有一条链是旧的，而另一条则是新的。

（2）膜脂都是兼性分子，分子中具有一个亲水末端和一个疏水末端。**由此**形成球形分子团和双分子层两种基本结构。

2. 于

介词。书面语。用在动词后，可表示范围，意思是"在"。如：

（1）无机盐以离子状态存在**于**细胞中。

（2）亲水末端与水接触，疏水末端藏**于**分子团内部。

3. 一种……，另一种……

这个结构常常用在表示分合关系的复句里，先是总提的句子，然后用"一种……，另一种……"来分说，分说的这两个部分是并列关系。如：

（1）细胞内最重要的单糖有两种，**一种**是戊糖，**另一种**是己糖。

（2）细胞中的水以两种形式存在，**一种**是游离水，**另一种**是结合水。

4. 起……作用

起，动词，在这里是"发生"的意思。"起"的后面可带"了、着、过"，还可以带结果补语"得（不）了（liǎo）"举例；"作用"的前面可以有名词、名词性词组、动词、代词或形容词等做定语。如：

（1）在生物化学反应中，酶常常**起**催化**作用**。

（2）表面抗原在细胞与细胞的相互识别中**起**重要**作用**。

（3）这种药对感冒**起得了作用**吗？

5. 非-

"非"做前缀，用在一些名词性成分前面，构成新的名词，表示不属于某种范围。如：

非胞质面、**非**金属元素、**非**生物体、**非**条件反射、**非**细胞质侧。

五、练习

（一）听与读

细胞器　生物膜　质膜　膜蛋白　膜糖　膜脂　磷脂　糖脂　胆固醇
受体　金属　真核细胞　胞质　胞质面　非胞质面　兼性分子
疏水末端　亲水末端　表面抗原　球形分子团　双分子层　衍生物　酶
催化　信号　镶嵌　代谢反应
运输蛋白　连接蛋白　镶嵌蛋白　周边蛋白　内在蛋白
糖链　低聚糖　半乳糖　甘露糖　岩藻糖　半乳糖胺　葡萄糖胺
唾液酸

（二）组词

单：单＿＿＿＿　　单＿＿＿＿　　单＿＿＿＿　　单＿＿＿＿
双：双＿＿＿＿　　双＿＿＿＿　　双＿＿＿＿　　双＿＿＿＿
母：母＿＿＿＿　　母＿＿＿＿　　母＿＿＿＿　　母＿＿＿＿
子：子＿＿＿＿　　子＿＿＿＿　　子＿＿＿＿
　　＿＿＿＿子　　＿＿＿＿子　　＿＿＿＿子　　＿＿＿＿子
非：非＿＿＿＿　　非＿＿＿＿　　非＿＿＿＿
内：内＿＿＿＿　　内＿＿＿＿　　内＿＿＿＿
多：多＿＿＿＿　　多＿＿＿＿　　多＿＿＿＿
性：＿＿＿＿性　　＿＿＿＿性　　＿＿＿＿性　　＿＿＿＿性
　　＿＿＿＿性
糖：＿＿＿＿糖　　＿＿＿＿糖　　＿＿＿＿糖　　＿＿＿＿糖
　　＿＿＿＿糖　　＿＿＿＿糖　　＿＿＿＿糖　　＿＿＿＿糖

（三）把下列词语和相应的功能用线连起来

连接蛋白　　　　接收和传导细胞外的化学信号

酶　　　　　　　在细胞与细胞的相互识别中起重要作用

受体　　　　　　转运出入细胞的分子、离子

表面抗原　　　　将细胞与相邻细胞等连接起来

运输蛋白　　　　催化与膜相关的代谢反应

（四）根据课文内容完成句子

1. 生物膜的主要成分为脂类、_____和糖类，还有少量水和_____。

2. 膜脂包括磷脂、_____和糖脂，它们都是_____。

3. 膜脂的两种基本结构是_____和双分子层。

4. 膜周边蛋白分布在膜的_____；膜内在蛋白镶嵌于_____。

5. 细胞膜中的糖类为_____，一般由1－10个单糖或单糖衍生物组成。

6. 动物细胞膜上的_____主要有7种，它们是_____、半乳糖、甘露糖、岩藻糖、半乳糖胺、葡萄糖胺和_____。

（五）用指定词语完成句子

1. _____，水是含量最多的组分。（在……中）

2. 细胞膜中的低聚糖，_____。（连接于）

3. 糖类在细胞膜只_____。（分布于）

4. 组成核糖的戊糖分为两种，_____。（一种……，另一种……）

5. 表面抗原_____。（起……作用）

（六）名词解释

1. 兼性分子——

2. 膜内在蛋白——

（七）根据课文回答问题

1. 膜脂分子的亲水端要跟水接触，需要怎么排列？为什么？

2. 在细胞膜中，糖类以什么形式存在？

3. 在细胞膜中，糖类与膜脂和膜蛋白结合的时候有什么不同？

（八）课堂活动

互相说说膜蛋白的种类和功能。

（九）听力训练

1. 词语听写

2. 句子听写

（1）_____

（2）_____

（3）_____

3. 听后选择正确答案

（1）下面哪句话是对的？

　　A. 细胞膜不是生物膜　　　　B. 只有细胞膜才是生物膜

　　C. 细胞器的膜也是生物膜　　D. 细胞器的膜不是生物膜

（2）下面哪种物质不是生物膜的主要成分？

　　A. 水　　　　　　　　　　B. 脂类

　　C. 蛋白质　　　　　　　　D. 核苷酸

（3）下面哪句话是对的？

　　A. 内在蛋白是根据它的功能得名的。

　　B. 内在蛋白是根据它的分布得名的。

C. 内在蛋白是根据它的作用得名的。

D. 内在蛋白是根据它的产生得名的。

（4）下面哪些物质是膜糖？

A. 葡萄糖 　　　　　　　B. 半岩藻糖

C. 岩藻糖 　　　　　　　D. 唾液

（5）下面哪两个字能准确指出运输蛋白的功能？

A. 运输 　　　　　　　　B. 转运

C. 催化 　　　　　　　　D. 代谢

第五课

生物膜的分子结构

 一、生词

普通词语

1.	模型	móxíng	名	model：飞机~｜结构~
2.	及其	jí qí		和它。（详见注释1）
3.	附着	fùzhuó	动	较小的物体贴在较大的物体上。match：表面~
4.	该	gāi	代	书面语。指上文提到的人或事物。（详见注释2）
5.	揭示	jiēshì	动	向人指出不容易看清的事物或道理。show：~规律
6.	共性	gòngxìng	名	指不同事物共同具有的普遍性质。commonality, generality：揭示~
7.	单一	dānyī	形	只有一种。single：方法~
8.	忽略	hūlüè	动	没有注意到。ignore：~了膜的动态结构变化
9.	流动	liúdòng	动	液体或气体从某个地方流到别的地方。flow：血液~
10.	连续	liánxù	动	一个接一个。continuous：~变化
11.	主体	zhǔtǐ	名	事物的主要部分。main body：细胞膜结构的~
12.	不足	bùzú	形/名	不够好：准备~。缺点：这个研究的~是……

13.	~之处	zhīchù		（书面语）之，的。处，地方：不足~。（详见注释3）
14.	目前	mùqián	名	（书面语）指说话的时候，现在。now：~的情况
15.	为	wéi	介	被。（详见注释4）
16.	普遍	pǔbiàn	形	存在的范围大。popular：~的情况
17.	理论	lǐlùn	名	关于自然知识和社会知识的有系统的看法。theory：分子结构~
18.	自身	zìshēn	名	自己（有强调作用）。self：~的变化
19.	完整	wánzhěng	形	具有或保持着应有的各部分；没有缺失或损坏。complete，intact：相对~
20.	忽视	hūshì	动	不注意；不重视。ignore：~了医生的意见
21.	均匀	jūnyún	形	分布或分配在各个部分的数量相同。even well：分布~
22.	为此	wèicǐ		（书面语）因为这样（所以……）。（详见注释5）
23.	进一步	jìnyíbù	副	表示事情的进行在程度上比以前提高。further（详见注释7）
24.	完善	wánshàn	动	使应该有的全部都有并且很好。well：进一步~
25	限制	xiànzhì	动	规定范围，不许超过；规定的范围。limit：~发展
26.	仅	jǐn	副	（书面语）仅仅，只。just
27.	~状	zhuàng		词尾。形状、样子。（详见注释8）
28.	并非	bìngfēi		（书面语）并不是。

第五课　生物膜的分子结构

专业词语

1.	片层结构模型	piàncéng jiégòu móxíng	lamella structure model
2.	单位膜模型	dānwèimó móxíng	unit membrane model
3.	液态镶嵌模型	yètài xiāngqiàn móxíng	fluid mosaic model
4.	三夹板	sānjiābǎn	名	用三层薄模板粘在一起合成一块木板。这里指细胞膜由蛋白质—磷脂—蛋白质组成的三层结构。
5.	染色	rǎnsè	动	为了能看清楚细胞及其结构，把它们染成蓝、红、紫等颜色。staining：～深
6.	静态（⟷动态）	jìngtài（⟷ dòngtài）	名	指物质停止不动的状态。static state：～结构
7.	动态（⟷静态）	dòngtài（⟷ jìngtài）	名	指物质运动的状态。dynamic state：～结构
8.	二维	èrwéi	名	指平面。two-dimension：～空间
9.	液态体	yètàitǐ	名	液体状态的物体。liquid state
10.	对称	duìchèn	动	图形或物体把某个点、直线或平面作中心，在大小、形状或排列方面左右或上下等相同。symmetry，balance：结构～
11.	晶格镶嵌模型	jīnggé xiāngqiàn móxíng		crystal mosaic model
12.	晶态	jīngtài	名	晶体状态。晶体的内部结构中原子、离子或分子都有规律地重复排列而组成特定的类型。crystal

二、课文

关于生物膜的分子结构,科学家们提出了几十种不同的**模型**,其中最有代表性的是**片层结构模型**、**单位膜模型**和**液态镶嵌模型**。

片层结构模型认为,细胞膜由双层脂类分子**及其**内外表面**附着**的球形蛋白质构成,形成蛋白质—**磷脂**—蛋白质的**三夹板**或片层结构。

单位膜模型则认为,电镜下膜的内外层为**染色**深的蛋白质层,膜中间为染色浅的脂类层。**该**模型**揭示**了各种生物膜在结构上的**共性**,但是它把膜看成一种**静态**的**单一**结构,**忽略**了膜的**动态**结构变化。

液态镶嵌模型把生物膜看成是由**二维**排列的脂类和蛋白质组成的**液态体**,膜是一种动态的、不**对称**的具有**流动**性的结构。膜中脂双层构成膜的**连续主体**,球形蛋白质分子镶嵌在脂双分子层中。该模型克服了单位膜模型的**不足之处**,并得到了许多研究结果的支持,是**目前为**人们**普遍**接受的膜分子结构**理论**。但是它不能说明具有流动性的膜在变化过程中怎样保持**自身**的相对**完整**性和**稳定**性,**忽视**了膜的各部分流动的不**均匀**性等。**为此**,后来又有人提出**晶格镶嵌模型**等,**进一步完善**了膜的分子结构理论。

晶格镶嵌模型认为,膜蛋白对脂类分子的运动具有**限制**作用,镶嵌蛋白和其**周围**的脂类分子形成膜中**晶态**部分,而流动的脂类**仅**是小片的点**状**分布。因此,脂类的流动性是局部的,**并非**整个脂双层都在进行流动。

问题1:生物膜最有代表性的分子结构有哪几种模型?

问题2:片层结构模型认为细胞膜的结构有什么特点?

问题3:单位膜模型认为细胞膜的结构有什么特点?

问题4:液态镶嵌模型认为细胞膜的结构有什么特点?

问题5:晶格镶嵌模型认为什么物质对脂分子流动具有限制作用?脂类的流动性有什么特点?

三、课文图例

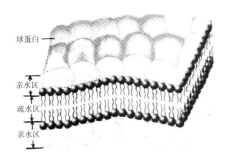

图1　片层结构模型

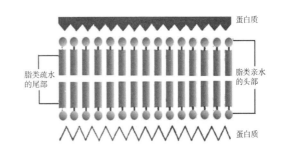

图2　单位膜模型

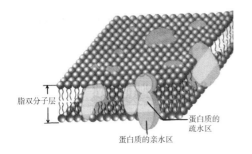

图3　液态镶嵌模型

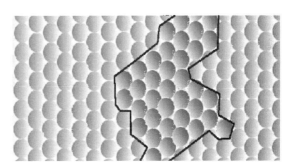

图4　晶格镶嵌模型

四、注释

1. 及其

　　及：连词，和。其：代词，代表前面说的词语，它。如：

　　（1）膜蛋白**及其**连接的糖链组成糖蛋白。（"及其"的"其"指"膜蛋白"）

　　（2）新生的DNA双链都由原来的母链**及其**复制的子链组成，这种复制叫半保留复制。（"及其"的"其"指"原来的母链"）

2. 该

　　代词，书面语。指上文提到的人或事物，相当于"这""此"等。指复

数时不能说成"该些",而可以说成"该三种/该五个"等。如:

(1) 活细胞主要由碳、氢、氧、氮、磷、硫等元素组成,**该**六种元素构成了细胞重量的99%以上。

(2) DNA复制出的新双链中,一条链是原来的母链,另一条链是新生的子链,**该**种复制叫半保留复制。

3. ~之处

书面语。之:助词,的。处:名词,地方。两个词常连在一起跟在双音节形容词后面使用。如:

相同**之处**、特别**之处**、困难**之处**、相似**之处**

4. 为

书面语。介词,被。后面要带宾语构成介词词组,所修饰的动词前常用"所"构成"为……所……"格式。如:

(1) 这是目前**为**人们普遍接受的膜分子结构理论。

(2) 液态镶嵌模型克服了单位膜模型的不足之处,并**为**许多研究结果所支持。

5. 为此

书面语。因为这样(所以……)。为:介词,因为。此:代词,这样,代表前面的句子或词语。两个词常连用,以引出后面要说的表示结果或结论的话。"为此"后面一般有停顿,后面句子的开头不再用表示结果的连词"所以"。如:

(1) 膜脂分子都有一个亲水末端和一个疏水末端,**为此**,人们把它称为兼性分子。

(2) 组成核糖的戊糖分为核糖和脱氧核糖两种,**为此**,核苷又可分为核糖核苷和脱氧核糖核苷。

6. 对 + 定语 + 的 + 名词

对:介词,引出动作的对象。在书面语中,"对"的名词性宾语前常有定语，有时定语比较长。如：

(1) 晶格镶嵌模型认为，膜蛋白**对**脂类分子**的**运动具有限制作用。

(2) 科学家们**对**组成蛋白质的20种氨基酸**的**排列序列进行了许多研究。

7. 进一步

副词。表示事情的进行在程度上要比以前提高。如：

(1) 1944年科学家Avery发现DNA是遗传物质，1953年Watson和Crick**进一步**提出了DNA双螺旋结构模型。

(2) 21世纪刚开始，细胞生物学的研究就取得了**进一步**的发展。

8. ~状

书面语。名词词尾。形状、样子。如：

柱**状**、点**状**、网**状**、细丝**状**

9. 忽略—忽视

"忽略"是没有注意到，不一定不重视；"忽视"有故意不注意，不重视的意思。如：

(1) 单位膜模型**忽略**了膜的动态结构变化。

(2) 液态镶嵌模型**忽视**了膜的各部分流动的不均匀性等。

五、练习

（一）听与读

片层结构模型　单位膜模型　液态镶嵌模型　晶格镶嵌模型

双层脂类分子　脂双层　脂双分子层　脂类分子　磷脂

动态结构　静态结构　流动性　完整性　稳定性　不均匀性　共性

（二）把下面的词语组成词组

1. _____
   _____模型
   _____
   _____

2. _____
   _____之处
   _____
   _____

3. _____
   _____状
   _____
   _____

4. _____
   _____结构
   _____
   _____

（三）把下列单音节词换成意思一样的双音节词语

即——　　须——　　及——　　称——　　含——

或——　　可——　　该——　　应——　　非——

（四）解释下面句子中画线的词语

1. 因为液态镶嵌模型存在<u>不足之处</u>，<u>为此</u>，后来又有人提出晶格镶嵌模型等，进一步完善了膜的分子结构理论

    不足：　　　　之处：　　　　为此：

2. 镶嵌蛋白和其周围的脂类分子形成膜中晶态部分，而流动的脂类<u>仅</u>是小片的点状分布。

    仅：

3. 细胞膜由双层脂类分子<u>及其</u>内外表面附着的球形蛋白质构成。

    及：　　　　其：

4. 液态镶嵌模型是目前<u>为</u>人们<u>所</u>普遍接受的膜分子结构理论。<u>该</u>模型克服了单位膜模型的不足之处。

    为……所：　　　　该：

5. 脂类的流动性是局部的，<u>并非</u>整个脂双层都在进行流动。

    并非：

（五）根据课文内容完成句子

1. _____模型认为，细胞膜是蛋白质—磷脂—蛋白质的三夹板或片层结构。
2. _____模型揭示了各种生物膜在结构上的共性，但忽略了膜的动态结构变化。
3. _____模型得到了许多研究结果的支持，是人们普遍接受的膜分子结构理论。
4. 单位膜模型认为，膜的内外层是_____深的_____层，膜中间是染色浅的_____层。
5. 液态镶嵌模型认为，膜中_____构成膜的连续主体，球形蛋白质分子_____在脂双分子层中。
6. 晶格镶嵌模型认为，脂类的流动性是_____的，并非整个_____都在进行流动。

（六）名词解释

1. 片层结构模型——
2. 单位膜模型——
3. 液态镶嵌模型——

（七）根据课文回答问题

1. 说明片层结构模型和单位膜模型的异同。

2. 说明液态镶嵌模型和晶格镶嵌模型的异同。

（八）课堂活动

互相说说生物膜的四种分子结构模型。

（九）听力训练

1. 词语听写

2. 句子听写

（1）_____

（2）_____

（3）_____

3. 听后判断正误

（　　）（1）生物膜的分子结构模型中，最有代表性的是液态镶嵌模型。

（　　）（2）认为生物膜的内外层是染色深的蛋白质层，中间是染色浅的脂类层的是片层结构模型。

（　　）（3）液态镶嵌模型认为，脂双层构成生物膜的连续主体，球形蛋白质分子镶嵌在脂双分子层中。

（　　）（4）晶格镶嵌模型认为，脂类分子对膜蛋白的运动具有限制作用。

细胞连接

 一、生词

普通词语

1. 除……外	chú…wài		（详见注释1）
2. 按	àn	介	按照，表示根据某种标准去做。according to（详见注释2）
3. 装置	zhuāngzhì	名	机器或设备中结构比较复杂并具有某种独立功能的部分。device：连接~
4. 间隙	jiànxì	名	物体之间空着的不大的地方。gap：分子间的~
5. 不但……，而且……	búdàn…érqiě…		表示递进关系。not only……but also（详见注释3）
6. 使	shǐ	动	让
7. 最终（←→最初）	zuìzhōng (←→zuìchū)	名	（书面语）最后。finally：~目的
8. 通信	tōngxìn	动	用信号传递信息。communication：细胞间~
9. 协调	xiétiáo	动	使配合得适当。coordinate：~关系
10. 间	jiān	名	之间。between：细胞~的代谢活动
11. 相邻	xiānglín	动	位置互相接近。next to：~的细胞膜
12. 束	shù	名	由多根细条合成一条或一把的东西：花~

53

13. 斑点状	bāndiǎn zhuàng		在一种颜色上露出的别的颜色的点子。dot
14. 条纹状	tiáowén zhuàng		条状的图形。stripe
15. 延伸	yánshēn	动	延长，伸开。extent：～到……
16. 网架	wǎngjià	名	net：跨膜～
17. 盘状	pán zhuàng		像盘子的形状。plate
18. 伸	shēn	动	stretch：～出手
19. 浓度	nóngdù	名	特定量溶液中所含溶质的量。thickness：降低～
20. 得名	dé míng		获得名字：因……而～
21. 缝隙	fèngxì	名	裂开或自然露出的又窄又长的空处。gap：细胞间的～
22. 各自	gèzì	代	各人自己；各个方面自己的一方。each（详见注释5）
23. 筒状	tǒng zhuàng	名	像较粗的管子的形状。
24. 吻合	wěnhé	动	完全符合；两个大小、形状一样的东西某个相同的面紧贴在一起。mix：互相～

专业词语

1. 细胞连接	xībāo liánjiē		cell junction
2. 结缔组织	jiédì zǔzhī		connective tissue
组织	zǔzhī	名	构成器官的单位。人和高等动物体内有上皮组织、结缔组织、肌组织和神经组织。tissue

3.	紧密连接	jǐnmì liánjiē		tight junction
4.	锚定连接	máodìng liánjiē		anchoring junction
5.	间隙连接	jiànxì liánjiē		gap junction
6.	器官	qìguān	名	是构成生物体的一部分，一个器官一般由几种细胞组织构成，具有某种独立的生理机能。如心、肝、肺等。organ
7.	系统	xìtǒng	名	机体内能共同完成一种或几种生理功能而组成的多个器官的总称，如：呼吸系统、消化系统等。system
8.	有机体	yǒujītǐ	名	机体。organism
9.	介导	jièdǎo	动	在两种或以上物质之间起协调作用。mediate
10.	粘着连接	niánzhuó liánjiē		adherence junction
	粘着	niánzhuó	动	用能使物体附着的物质使两个或以上的物体合在一起不分开。也可写做"黏着"。adhere: A ~ B
11.	桥粒连接	qiáolì liánjiē		desmosome junction
	桥粒	qiáolì	名	desmosome
12.	微丝	wēisī	名	由肌动蛋白分子螺旋状聚合成的纤丝，又称肌动蛋白丝。microfilament
13.	肌动蛋白	jīdòng dànbái		肌肉收缩蛋白的一种，球状，在肌肉收缩运动中起重要作用。actin
14.	细胞外基质	xìbāowài jīzhì		extracellular matrix (ECM)
15.	粘着斑蛋白	niánzhuó bāndànbái		adhesion plaque proteins
16.	纤连蛋白	xiānlián dànbái		FN, fibronectin

17.	点桥粒	diǎnqiáolì	名	spot desmosome
18.	半桥粒	bànqiáolì	名	hemidesmosome
19.	桥粒蛋白	qiáolì dànbái		desmocollin
20.	上皮细胞	shàngpí xìbāo		epithelia
21.	基膜	jīmó	名	basement membrane, basilemma
22.	连接小体	liánjiē xiǎotǐ		connexon
23.	连接子	liánjiēzǐ	名	connexon

二、课文

　　细胞连接是指人和动物体内**除**血细胞和**结缔组织等外**，各种组织的细胞**按**一定排列方式互相连接的**装置**。细胞连接有各种方式，根据它的结构和功能的不同一般可分为以下三类：**紧密连接**、**锚定连接**和**间隙连接**。细胞连接**不但**可以**使**细胞连成组织、**器官**、**系统**，最终形成完整的**有机体**，**而且**通过连接装置可**介导**细胞间**通信**，**协调**细胞间的代谢活动。

　　紧密连接由两个细胞膜紧贴而成。

　　锚定连接根据结构和功能的不同，可分为**粘着连接**和**桥粒连接**两种。细胞与细胞间的粘着连接在不同类型的细胞中是不一样的。如在非上皮组织细胞中，**相邻**细胞膜下的**微丝束**形成细胞间**斑点**状或**条纹**状结构，将细胞粘着在一起；而上皮细胞间则由质膜胞质侧的**肌动蛋白**丝束通过跨膜糖蛋白**延伸**到胞外，形成跨膜**网架**进行连接。细胞与**细胞外基质**的粘着连接，是由细胞膜上的**粘着斑蛋白**与细胞质中的

问题1：细胞连接是一种什么装置？人和动物体内的血细胞和结缔组织有细胞连接装置吗？根据结构和功能的不同，细胞连接一般可分为哪几类？它有什么作用？

问题2：非上皮组织细胞的黏着连接有什么特点？上皮细胞的黏着连接有什么特点？细胞与细胞外基质的黏着连接有什么特点？桥粒连接方式有哪

肌动蛋白进行连接；同时，粘着斑蛋白又连接着位于跨到膜外表面的**纤连蛋白**受体，而纤连蛋白受体极易与位于细胞外基质的纤连蛋白结合，使细胞与细胞外基质连接起来。桥粒连接方式有**点桥粒**和**半桥粒**两种类型。点桥粒连接的特点是，相邻两细胞胞质面的细胞膜上，各有一块由**桥粒蛋白**组成的**盘状**胞质板，胞质板向细胞表面**伸**出许多桥粒蛋白，在有Ca^{2+}存在的条件下把相邻的两细胞连接在一起。如果降低Ca^{2+}的**浓度**，桥粒连接就会分开。半桥粒是**上皮细胞**与**基膜**之间的连接装置，因为它的结构仅为桥粒的一半而**得名**。

间隙连接是相邻两个细胞之间存在**缝隙**，靠**各自**细胞膜上短**筒状**的小体**吻合**联系在一起的连接方式。此短筒状小体称为**连接小体**或**连接子**。

些类型？点桥粒连接的特点是什么？半桥粒是什么之间的连接装置？

问题3：间隙连接有什么特点？什么是连接小体或连接子？

三、课文图例

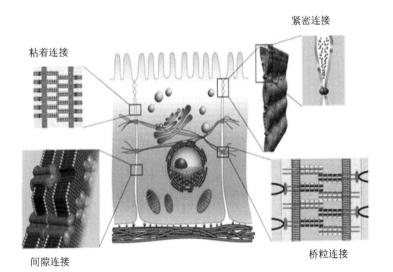

图1　细胞连接

四、注释

1. 除……外

表示不计算在内。常用于书面语，相当于口语的"除了……以外"。"除了"后面的宾语可以使用名词（短语）、代词、动词（短语）或形容词（短语）及主谓短语等。这种格式又分排除式和包容式两种。

A. 排除式：后一分句用"……都/全"与之呼应，后一分句可以是肯定句，也可以是否定句。如：

（1）细胞连接是指人和动物体内**除**血细胞和结缔组织等**外**，各种组织的细胞按一定排列方式互相连接的装置。（人和动物体内的血细胞和结缔组织没有细胞连接这种装置）

这种句子，一般来说排除的是"除"以后的、特殊的事物。全句的作用在于肯定谓语部分所涉及的事物的一致性。如例1排除的是"血细胞和结缔组织"，肯定的是"细胞连接是指人和动物体内各种组织的细胞按一定排列方式互相连接的装置"。

B. 包容式：它是指"除"的宾语所表示的事物也包括在后边的谓语所陈述的内容范围之内。与"除"配合使用的词语是"还""也""又"等。如：

（2）**除**片层结构模型、单位膜模型和液态镶嵌模型**外**，科学家们后来又提出了晶格镶嵌等模型。（科学家们提出了片层结构模型、单位膜模型、液态镶嵌模型和格镶嵌等模型）

2. 按

介词。按照，表示根据某种标准去做。"按"和"按照"常可以互换，"按"多用在书面语里。但如果后面的介词宾语是单音节名词，只能用"按"，不能用"按照"。如：

（1）各种组织的细胞**按**一定排列方式互相连接。（按照√）

（2）我们要**按**时完成作业。（按照×）

3. 不但……，而且（还、也）……

"不但"和"而且"都是连词，用在表示递进关系的复句中。"不但"放在前面的分句，"而且"放在后面的分句。后面的分句也可以用副词"还、也"。如：

（1）液态镶嵌模型认为，生物膜**不但**是动态的结构，**而且**还是不对称的结构。

（2）细胞连接**不但**可以使细胞连成组织、器官、系统，最终形成完整的有机体，**而且**通过连接装置可介导细胞间通信，协调细胞间的代谢活动。

4. 而

连词，表示转折，连接意思相反或不同的词语或分句。用在后面词语或分句的开头。如：

（1）细胞中的水，以两种形式存在：与蛋白质结合的称结合水；**而**游离的称游离水。

（2）一个糖脂分子上只连接一条低聚糖链，**而**一个糖蛋白分子往往结合着多条糖链。

5. 各自

代词。各人自己；各个方面中代表自己的一方。如：

（1）间隙连接是相邻两个细胞之间存在缝隙，靠**各自**细胞膜上短筒状的小体吻合联系在一起的连接方式。（"各自"指前面说的相邻的两个细胞）

（2）膜脂都是兼性分子，它们**各自**有一个亲水末端和一个疏水末端。（"各自"指各个膜脂分子）

6. 蛋白质的主要命名方法

蛋白质的种类很多，为了区分各种不同的蛋白质，就要给它们不同的名称。科学家们常常根据蛋白质的功能、特点、位置、成分、形状等给蛋白质命名。如：

膜周边蛋白（位置）、肌动蛋白（功能）、糖蛋白（成分）、粘着斑蛋白（特点）、球形蛋白（形状）。

五、练习

（一）听与读

细胞连接　紧密连接　锚定连接　间隙连接　粘着连接　桥粒连接
组织　器官　系统　结缔组织　微丝　肌动蛋白丝　跨膜糖蛋白
点桥粒　半桥粒　桥粒蛋白　上皮细胞　基膜　连接小体　连接子
纤连蛋白

（二）指出下面蛋白质的命名根据

跨膜糖蛋白　运输蛋白　连接蛋白　膜蛋白　镶嵌蛋白
球形蛋白　膜内在蛋白　桥粒蛋白　纤连蛋白

（三）写出下列词语的反义词

内侧←→　　结合←→　　静态←→　　局部←→
寡肽←→　　相对←→　　最初←→

（四）解释下面句子中画线的词语

1. 各种组织的细胞<u>按</u>一定排列方式互相连接。

   按：

2. 细胞连接不但可以使细胞连成组织、器官、系统，<u>最终</u>形成完整的有机体，而且通过连接装置<u>可</u>介导细胞间通信，协调细胞间的代谢活动。

   最终：　　　　　　可：

3. 在非上皮组织细胞中，相邻细胞膜下的微丝束形成细胞<u>间</u>斑点状或条纹状结构，<u>将</u>细胞粘着在一起；<u>而</u>上皮细胞间<u>则</u>由质膜胞质侧的肌动蛋白丝束通过跨膜糖蛋白延伸到胞外，形成跨膜网架进行连接。

   间：　　　　将：　　　　而：　　　　则：

4. 点桥粒连接的特点是，相邻两细胞胞质面的细胞膜上，<u>各</u>有一块由桥粒蛋白组成的盘状胞质板。

各：

5. 半桥粒是上皮细胞与基膜之间的连接装置，因为它的结构<u>仅为</u>桥粒的一半而得名。

仅：　　　　　　为：

6. 间隙连接是相邻两个细胞之间存在缝隙，靠<u>各自</u>细胞膜上短筒状的小体吻合联系在一起的连接方式。<u>此</u>短筒状小体称为连接小体或连接子。

各自：　　　　　此：

7. 纤连蛋白受体<u>极易</u>与位于细胞外基质的纤连蛋白结合。

极：　　　　　　易：

（五）根据课文内容完成句子

1. 由两个细胞膜紧贴而成的连接称为_____。
2. 在相邻的非上皮细胞之间，由各自细胞膜下的微丝束将细胞粘着在一起的连接称为_____。
3. 在上皮细胞间由细胞膜胞质侧的肌动蛋白丝束通过跨膜糖蛋白延伸到胞外，形成跨膜网架将细胞连接起来的装置称为_____。
4. 相邻两细胞胞质面的细胞膜上，由桥粒蛋白组成的盘状胞质板向细胞表面伸出许多桥粒蛋白，把相邻的两细胞连接在一起的连接方式称为_____。
5. 上皮细胞与基膜之间的连接装置称为_____。
6. 相邻两个细胞之间存在缝隙，靠各自细胞膜上短筒状的小体吻合联系在一起的连接方式称为_____。

（六）名词解释

1. 半桥粒——
2. 间隙连接——

（七）根据课文回答问题

1. 相邻两细胞之间的连接有哪些连接装置？

2. 哪些连接装置不是相邻两细胞之间的连接？

（八）课堂活动

互相说说粘着连接和桥粒连接。

（九）听力训练

1. 词语听写

2. 句子听写

（1）_____

（2）_____

（3）_____

3. 听后选择正确的答案

（1）在非上皮组织细胞中，粘着连接的结构是什么形状？
　　　A. 网架状　　B. 盘状　　C. 斑点状　　D. 条纹状

（2）在上皮细胞间，粘着连接的结构是什么形状？
　　　A. 网架状　　B. 盘状　　C. 斑点状　　D. 条纹状

（3）由桥粒蛋白组成的胞质板是什么形状？
　　　A. 网架状　　B. 盘状　　C. 条纹状　　D. 短筒状

（4）间隙连接结构中的连接子是什么形状？
　　　A. 网架状　　B. 盘状　　C. 条纹状　　D. 短筒状

第七课

生物膜的特性

 一、生词

普通词语

1.	特性	tèxìng	名	某人或者某事物与别的人或事物不同的性质：生物膜的～
2.	称之为	chēng zhī wéi		（书面语）把它称为。（详见注释1）
3.	从而	cóng'ér	连	前面部分表示原因、方法等，后面部分表示结果、目的等。"从而"放在后面部分的开头。（详见注释2）
4.	不一	bùyī	形	不相同（只做谓语，不做定语）：大小～
5.	区域	qūyù	名	有特定范围的地方：不同的～
6.	即使	jíshǐ	连	表示在假设的情况下，结果也不会改变。（详见注释3）
7.	密切	mìqiè	形	（关系等）很近：关系～。
8.	不外乎	búwàihū	动	不超出某种范围以外。也说"不外"。（详见注释4）
9.	侧向	cèxiàng		向侧面：～延伸
10.	扩散	kuòsàn	动	扩大分散出去：有毒物质已经～到全身。
11.	沿	yán	介	顺着（江河、道路或者事物的边）：～着河边走

11. 平面	píngmiàn	名	最简单的面。plane：膜~	
12. 交换	jiāohuàn	动	各自拿出自己的给对方：~礼物	
13. 旋转	xuánzhuǎn	动	物体绕一个点或一个轴运动：~运动	
14. 垂直	chuízhí	动	两条直线、一条直线和一个平面或两个平面形成90°的角：A~于B	
15. 于	yú	介	用在动词后面，引出对象；对，向：垂直~地面（详见注释5）	
16. 围绕	wéirào	动	围着一个点或东西：A~着B	
17. 其	qí	代	他（她、它）的；他（她、它）们的。（详见注释6）	
18. 转动	zhuàndòng	动	物体绕一个点或一个轴运动。turn，move：自由~	
19. 弯曲	wānqū	形	不直：~的小路	
20. 摆动	bǎidòng	动	摆过来，摆过去：他不停地~着手。	
21. 伸缩	shēnsuō	动	伸长和由长变短：~运动	
22. 振荡	zhèndàng	动	物体通过一个中心位置不断地来回运动。vibrate：伸缩~	
23. 翻转	fānzhuǎn	动	上下交换位置：~运动	
24. 前者……，后者……	qiánzhě…，hòuzhě…		这个句式表示前面的句子谈到两个内容，"前者"代表前一个内容，"后者"代表后一个内容。（详见注释7）	
25. 差异	chāyì	名	不相同的地方：功能上的~	
26. 分裂	fēnliè	动	完整的、整个的事物分开：细胞~	
27. 颗粒	kēlì	名	又小又圆的东西：蛋白~	
28. 明显	míngxiǎn	形	清楚地表现出来，容易让人看出或感觉到：在这个地方，从人们穿的衣服，就能~地看出谁是有钱人。	
29. 各不相同	gè bù xiāngtóng		每个都不一样。	

第七课　生物膜的特性

专业词语

1.	膜脂	mózhī	名	构成细胞膜基本结构的磷脂双分子层。
2.	液晶态	yèjīngtài	名	一些有机物在特定的温度内表现出的一种中间状态。这种物质既具有液态的流动性，又具有晶态的某些特性。如果高于这个温度的最高点，物质就会变成液态；低于最低点就变成不流动的晶态。
3.	相变	xiàngbiàn	名	物质发生物理状态的变化。如固态、液态、气态之间的互相变化。
4.	相变温度	xiàngbiàn wēndù		指膜脂发生相变的温度。
5.	生理温度	shēnglǐ wēndù		生物机体在生命活动时的温度。
6.	分相现象	fēnxiàng xiànxiàng		分相是指某种物质由于内部存在相变温度不同的成分，所以在相同的特定的温度下这种物质同时出现两种或多种状态，如同时出现液态和晶态等。这种现象称为分相现象。
	现象	xiànxiàng	名	事物在发展、变化中的形状、表现和联系：分相~。
7.	脂肪酸链	zhīfángsuān liàn		磷脂分子的链状尾部，即脂肪酸部分。fatty acid chain
8.	脂质	zhīzhì	名	脂肪。又叫脂类、类脂。lipid
9.	剖面	pōumiàn	名	物体切断后露出的表面。也叫截面、切面或断面。

二、课文

流动性和不对称性是生物膜的两个重要**特性**，是膜完成各种功能的必要条件。

膜的流动性包括**膜脂**的流动性和**膜蛋白**的运动性。

构成膜的脂双分子层，在一定温度下，可以从流动的**液晶态**转变为不流动的晶态，也可以从晶态转变为液晶态，这种物理状态的变化称为**相变**；引起相变发生的温度，则被称之为**相变温度**。各种膜脂有不同的相变温度，**从而**在膜中形成了一些流动性**不一**的**区域**。**即使**在**生理温度**下，膜中也存在着**分相现象**。

膜脂的流动性与膜脂分子的运动形式**密切**相关。膜脂分子的运动**不外乎**以下几种形式：

（1）**侧向扩散**。在同一脂质分子层内，相邻分子**沿**膜**平面交换**位置。

（2）**旋转**运动。膜脂分子**垂直于**膜平面**围绕其长轴作自由转动**。

（3）**弯曲**运动。脂类分子的**脂肪酸链**尾部常发生**摆动**而弯曲。

（4）**伸缩振荡**运动。膜脂的脂肪酸链沿着与膜平面垂直的长轴进行伸缩、振荡运动。

（5）**翻转**运动。膜脂分子从脂双层的一层翻转至另一层。

膜蛋白的运动形式主要为侧向扩散和旋转运动，**前者**指膜蛋白在膜平面上向两侧移动，**后者**指的是膜蛋白围绕与膜平面垂直的轴进行旋转运动。膜蛋白的运动速度比膜脂慢得多。

问题1：问题：什么是相变和相变温度？各种膜脂的相变温度相同吗？

问题2：膜脂的伸缩振荡是怎样进行的？

问题3：膜蛋白主要有哪些运动形式？膜脂和膜蛋白的运动速度哪个快？

膜的不对称性指的是生物膜的内外两层在结构和功能上的**差异**。

如果将生物膜沿**脂质**双分子层的中间疏水区**分裂**成两个单层，可以清楚地看到两个**剖面**上蛋白颗粒的数量有**明显**差异。细胞膜内外两层中的蛋白质种类也是**各不相同**的，各种受体和有些酶只分布在细胞膜的外层，另一些酶则分布在膜的内表面。膜蛋白在分子结构和分布上的不对称性，使膜内外两层在功能上也出现不对称性。

膜脂分布的不对称性表现在脂双层在组成成分、含量及分布上的差异。

问题4：膜蛋白在脂双层各层的分布数量一样吗？细胞膜内外两层分布的蛋白质种类一样吗？细胞膜内外两层在功能上一样吗？

三、课文图例

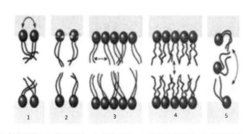

1. 侧向扩散　2. 旋转运动　3. 弯曲运动　4. 伸缩振荡运动　5. 翻转运动

图1　膜脂分子的运动形式

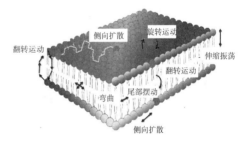

图2　膜脂分子运动形式示意图

四、注释

1. 称之为

书面语。意思是"把它称为""把它叫做"。其中"之"是代词，代表前面说到的人或事物。如：

（1）水、无机盐、单糖、氨基酸以及核苷酸等物质，分子量小，通常**称之为**生物小分子。（"之"指"水、无机盐、单糖、氨基酸以及核苷酸等物质"）

（2）DNA复制后新生的DNA双链都是由原来的一条母链和一条新的子链组成的，这种复制**称之为**半保留复制。（"之"指DNA的复制）

2. 从而

连词。书面语。前面小句表示原因，后面小句表示结果或进一步的行动。用在后面小句的开头，主语因为跟前面小句的主语相同而常常省略。如：

（1）相邻两细胞膜的胞质板向细胞表面伸出许多桥粒蛋白，**从而**把两细胞连接在一起。

（2）20种氨基酸可以排列成不同的序列，**从而**形成不同种类的蛋白质。

3. 即使……也/还……

"即使"，连词，后面表示假设的情况，"也/还"后面表示结果或结论不受这种情况的影响，即在这种情况下结果或结论也不会改变。如：

（1）**即使**在生理温度下，膜中**也**存在着分相现象。

（2）脂分子**即使**进行翻转运动，它的疏水末端**也**还是藏于分子团内部。

4. 不外乎

动词。不超出某种范围以外。必须带宾语。宾语可以是名词短语、动词短语或小句。也可以说"不外"。如：

（1）膜脂分子的运动**不外乎**五种形式。

（2）DNA双螺旋链的碱基配对方式**不外乎**A与T、G与C两种。

5. 于 (V.+于 + O.)

介词。书面语。与后面的宾语构成介词词组后常用在动词的后面做补语，有"对、向"的意思，指出与行为、动作有关的对象。它带的介词宾语往往是词组。如：

（1）他们满足于现在的生活。

（2）旋转运动是指膜脂分子垂直于膜平面围绕其长轴作自由转动。

6. 其

代词。他（她、它）的；他（她、它）们的。指前面说到的人或事物。如：

（1）脂肪酸也是细胞的营养物质，但**其**最重要的功能是构成细胞膜。（"其"指"脂肪酸"）

（2）生物膜有许多相似的性质，**其**主要成分为脂类、蛋白质和糖类，还有少量水和金属离子。（"其"指"生物膜"）

7. 前者……，后者……

这个句式表示前面的句子谈到两个内容，"前者"代表前一个内容，"后者"代表后一个内容。可以先说"后者"再说"前者"；还可以只用"前者"代表前一个内容，或者只用"后者"代表后一个内容。如：

（1）细胞中的水以结合水和游离水两种形式存在，**前者**指与蛋白质结合的水，**后者**指游离状态的水。

（2）DNA是双链，RNA一般为单链，**后者**由**前者**转录产生。

五、练习

（一）听与读

流动性　不对称性　液晶态　晶态　相变　相变温度　生理温度

分相现象　侧向扩散　旋转运动　弯曲运动　伸缩振荡　翻转运动

（二）解释下面句子中画线的词语

1. 引起相变发生的温度，则被称<u>之</u>为相变温度。

   之：

2. 膜脂分子的运动<u>不外乎</u>五种形式。

   不外乎：

3. 膜脂分子垂直于膜平面围绕其长轴作自由转动。

于： 其：

4. 细胞膜内外两层中的蛋白质种类也是各不相同的。

各不相同：

5. 膜蛋白的运动形式主要为侧向扩散和旋转运动，前者指膜蛋白在膜平面上向两侧移动，后者指的是膜蛋白围绕与膜平面垂直的轴进行旋转运动。

前者： 后者：

（三）选出对下面句子画线词语理解正确的一项

1. 膜脂分子<u>垂直于膜平面</u>围绕其长轴作自由转动。

   A. 向膜平面垂直　　B. 从膜平面垂直

   C. 比膜平面垂直　　D. 被膜平面垂直

2. 膜的不对称性指的是生物膜的内外两层在结构和功能上的<u>差异</u>。

   A. 差不多　　B. 差得多

   C. 很差　　D. 不同

3. 膜蛋白的运动形式主要为<u>侧向</u>扩散和旋转运动。

   A. 侧面的方向　　B. 向侧面

4. 在同一脂质分子层内，相邻分子沿膜平面交换位置的运动属于哪一种形式？

   A. 侧向扩散　　B. 旋转运动　　C. 弯曲运动

   D. 翻转运动　　E. 伸缩振荡运动

5. 各种膜脂有不同的相变温度，从而在膜中形成了一些流动性<u>不一</u>的区域。

   A. 不一定　　B. 不一般　　C. 不一样

（四）根据课文内容完成句子

1. 生物膜的两个重要特性是流动性和_____，这是膜完成各种功能的必要条件。

2. 膜的流动性包括_____的流动性和膜蛋白的_____。

3. 膜脂的流动性与_____的运动形式密切相关。

4. 膜脂分子的运动形式有_____、旋转运动、弯曲运动、_____和翻转运动五种。
5. 膜蛋白的运动形式主要为侧向扩散和_____。
6. 膜的不对称性指的是_____、膜脂的分布具有不对称性。
7. 膜脂分布的不对称性表现在_____在组成成分、_____及分布上的差异。

（五）根据课文内容判断正误

1. （　）构成膜的脂双分子层，在各种温度下，都可以从流动的液晶态转变为不流动的晶态。
2. （　）不流动的晶态脂双分子层可以转变为流动的液晶态。
3. （　）在生理温度下，膜中也会形成一些流动性不一的区域。
4. （　）膜脂的旋转运动和翻转运动都只在脂双层的单层发生。
5. （　）膜脂的侧向扩散运动、弯曲运动、伸缩振荡运动的方向都是从脂双层的一层到另一层。
6. （　）膜脂的翻转运动可以维持膜的流动性。
7. （　）生物膜的内外两层在结构和功能上都存在差异。
8. （　）膜蛋白在脂双层中分布的数量不同，但种类是相同的。

（六）写出下面图中膜脂分子的运动形式

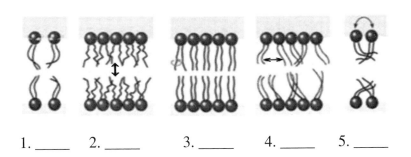

1. ____   2. ____   3. ____   4. ____   5. ____

（七）根据课文回答问题

1. 生物膜有哪些重要特性？它们分别指什么？

2. 为什么说在生理温度下,生物膜中也存在分相现象?

3. 比较膜脂分子和膜蛋白运动形式的异同。

(八) 课堂活动
互相说说膜脂分子的五种运动形式。

(九) 听力训练
1. 词语听写

2. 句子听写
  (1) _____
  (2) _____
  (3) _____

3. 听后填空

语段一:
  引起_____发生的温度,称为相变温度。各种膜脂有不同的_____,在膜中形成一些流动性_____的区域,即使在_____温度下,膜中也存在着_____。

语段二:
  脂类分子的_____尾部常发生摆动而_____。

细胞膜与物质运输

  一、生词

普通词语

1. 必由之路	bìyóuzhīlù		必定或一定经过的路。必,必定,一定;由,经过;之,的。(详见注释1)
2. 阻止	zǔzhǐ	动	使不能前进;使停止行动:细胞膜能~一些物质通过。
3. 机制	jīzhì	名	指一个复杂的工作系统和某些自然现象的物理、化学规律:癌症的发病~
4. 横穿	héngchuān	动	指穿越的方向与物体本身的走向垂直。横,跟"竖"相对:~细胞膜。(详见注释2)
5. 包围	bāowéi	动	四面围住:那个歌星被歌迷包围着。(详见注释3)
6. 顺(⟵逆)	shùn (⟵nì)		向着同一个方向:~水｜~风。(详见注释4)
7. 消耗	xiāohào	动	(精神、力量、东西等)因使用或受损失而逐渐减少:~体力
8. 穿越	chuānyuè	动	通过,穿过:~脂双层。(详见注释2)
9. 依赖	yīlài	动	依靠别人或别的事物:~药物

10. 协助	xiézhù	动	帮助：～运输
11. 速率	sùlǜ	名	运动的物体在单位时间内所经过的距离：～增加
12. 通道	tōngdào	名	往来的大路。泛指物体通过的"路"：安全～
13. 载体	zàitǐ	名	科学技术上指某些能传递能量或运载其他物质的物质：血液是机体内运输能量和物质的～。
14. 贯穿	guànchuān	动	穿过，连通：这条高速公路～好几个省。（详见注释2）
15. 充（水）	chōng(shuǐ)	动	指装满了（水）。充，装满：～电｜～氧｜～血
16. 状况	zhuàngkuàng	名	事物表现出来的样子：生活～｜经济～
17. 特异性	tèyìxìng	名	某人或某事所特有的与别的人或事不同的性质：具有～
18. 伴随	bànsuí	动	跟着，陪着，和……一起：这支笔已经～他十多年了。
19. 随后	suíhòu	副	表示紧接某种情况之后，多与"就"连用：你们先去，我～就到。
20. 逆（⟷顺）	nì(⟷shùn)	形	方向相反：～行。（详见注释4）
21. 融合	rónghé	动	几种不同的事物合成一体：文化～
22. 释放	shìfàng	动	把所含的物质或能量放出来：～气体
23. 供应	gōngyìng	动	给人或事物所需要的东西：～血液

第八课　细胞膜与物质运输

专业词语

1.	选择通透性	xuǎnzé tōngtòuxìng		指（细胞膜）有选择地让某些物质通过（透过）或有选择地不让某些物质通过（透过）的特性。
	通透	tōngtòu	动	通过和透过。
2.	穿膜运输	chuānmó yùnshū		指小分子和离子横穿细胞膜的运输。
3.	膜泡运输	mópào yùnshū		指大分子和颗粒物质被膜包围形成小泡后进行的运输。
4.	被动运输	bèidòng yùnshū		passive transport
	被动	bèidòng	动	由外力推动而行动：～接受
5.	主动运输	zhǔdòng yùnshū		active transport
	主动	zhǔdòng	动	不靠外力推动而行动：～提供
6.	电化学梯度	diànhuàxué tīdù		电化学是物理化学的一个分科，主要研究电能和化学能之间相互变换的规律。"电化学梯度"用来表明物质在电化学方面所达到的程度。electrochemical gradient
	梯度	tīdù	名	表明物质的有关性质所达到的程度：浓度～
7.	代谢能	dàixiènéng	名	生物体内代谢过程需要的能量。metabolizable energy
8.	简单扩散	jiǎndān kuòsàn		simple diffusion
9.	易化扩散	yìhuà kuòsàn		facilitated diffusion
10.	脂溶性	zhīróngxìng	名	能在脂肪中溶解的性质：～物质｜～维生素
11.	通道蛋白	tōngdào dànbái		指具有类似通道作用的蛋白。
12.	载体蛋白	zàitǐ dànbái		指具有类似载体作用的蛋白。

13.	单运输	dānyùnshū	名	uniport
14.	协同运输	xiétóng yùnshū		cotransport
15.	共运输	gòngyùnshū	名	symport
16.	对运输	duìyùnshū	名	antiport
17.	内容物	nèiróngwù	名	物体内部所含的物质。
18.	胞吞作用	bāotūn zuòyòng		指细胞吞进大分子或颗粒物质并转运的过程。endocytosis
19.	胞吐作用	bāotǔ zuòyòng		是一种与胞吞作用相反的物质运输活动。exocytosis

二、课文

　　细胞膜是细胞与环境之间物质交换的**必由之路**。细胞膜对出入细胞的物质具有**选择通透性**，即有选择地允许或**阻止**一些物质通过细胞膜。不同物质出入细胞的**机制**各不相同，但它们通过细胞膜的方式不外乎两种，一种是小分子和离子**横穿**细胞膜的**穿膜运输**，另一种是大分子和颗粒物质被膜**包围**后的**膜泡运输**。

　　穿膜运输分成**被动运输**和**主动运输**两大类。

　　被动运输是指物质顺**电化学梯度**，从高浓度的一侧通过膜运输到低浓度的一侧，不**消耗**细胞**代谢能**的运输方式，包括**简单扩散**和**易化扩散**两种形式。前者是物质顺电化学梯度自由**穿越**脂双层的穿膜运输方式，不**依赖**于膜蛋白的作用。后者是指非**脂溶性**（亲水性的）物质在膜蛋白的**协助**下，顺电化学梯度扩散的**速率**增加，且不消耗代谢能的穿膜运输方式。

问题1：什么是细胞膜的选择通透性？它有什么作用？物质通过细胞膜的方式有哪几种？

问题2：什么是被动运输？它有哪几种运输形式？各有什么特点？

在物质运输过程中起协助作用的膜蛋白，称为运输蛋白，可分为**通道蛋白**和**载体蛋白**。前者形成**贯穿**膜层的**充水**通道，允许大小和带电**状况**合适的物质顺电化学梯度通过。由通道蛋白介导的物质运输都是被动运输。后者通过与所运输的物质**特异性**结合而转运该物质穿过膜。不同的物质有不同的载体蛋白协助运输。有的载体蛋白只运输一种物质，称为**单运输**；有的则进行**协同运输**，即一种物质的运输，**伴随**着另一种物质同时或**随后**的运输。如果这两种物质的运输方向相同，称为**共运输**；如果转运方向相反则称为**对运输**。

主动运输是指载体蛋白将物质**逆**电化学梯度，从低浓度一侧经过膜转运到高浓度一侧的运输方式，需要消耗能量。

膜泡运输即细胞以膜包围大分子或颗粒物质，形成小泡，再与膜**融合**，**释放小泡内容物**，将大分子物质由细胞膜的一侧运到膜的另一侧。在此过程中，需要能量**供应**。根据物质出入细胞的不同方向，膜泡运输分为**胞吞作用**和**胞吐作用**两大类。

问题3：什么是运输蛋白？它有哪些种类？通道蛋白和载体蛋白运输物质各有什么特点？载体蛋白有哪些运输方式？

问题4：什么是主动运输？

问题5：什么是膜泡运输？胞吞作用和胞吐作用是根据什么分类的？

三、课文图例

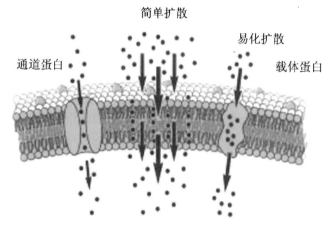

图 1　膜蛋白的种类和运输方式

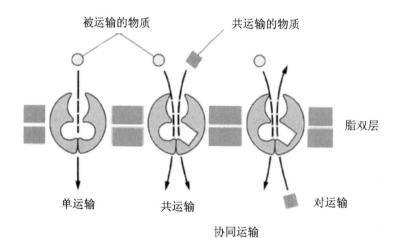

图 2　载体蛋白的运输方式

 四、注释

1. **必由之路**

    成语。指前往某处必须经过的唯一道路，多用于比喻。如：

    （1）细胞膜是细胞与环境之间物质交换的**必由之路**。

    （2）细胞连接是使细胞连成组织、器官、系统，最终形成完整的有机体的**必由之路**。

2. **横穿—贯穿—穿越—穿膜**

    四个都是动词或动词词组。主干动词都是"穿"，意思是通过（孔洞、缝隙、空地等）。"横穿"的"横"表示"穿"的方向是横向而不是纵向。"贯穿"的"贯"表示从头到尾的方向。"穿越"则没有方向的限制。"横穿""贯穿"和"穿越"都不是动宾结构，都没有限制穿过的是什么东西。"穿膜"则是动宾词组，"膜"是"穿"的宾语，表示穿过的东西是"膜"而不是别的东西。如：

    （1）**穿膜**运输是指小分子和离子**横穿**细胞膜的运输方式。

    （2）通道蛋白形成**贯穿**膜层的充水通道，允许大小和带电状况合适的物质顺电化学梯度通过。

    （3）简单扩散是物质顺电化学梯度自由**穿越**脂双层的**穿膜**运输方式。

3. **包围—围绕**

    两者都是动词。意思很接近，但有差别。"包围"是"四面围住（使出不来/看不见等）"的意思；"围绕"有"围在周围"和"围着转动"的意思。如：

    （1）膜泡运输是指大分子和颗粒物质被膜**包围**后的运输方式。

    （2）旋转运动是指膜脂分子垂直于膜平面**围绕**其长轴作自由转动。

4. **顺—逆**

    两者都是动词。这是一对表示动作方向的反义词，都要带宾语。"顺"

表示主语的动作方向与宾语相同,"逆"则表示主语的动作方向与宾语相反。如:

(1) 被动运输是指物质**顺**电化学梯度的运输方式。(表示被动运输的方向与电化学梯度从高到低的方向相同)

(2) 主动运输是指载体蛋白将物质**逆**电化学梯度,从低浓度一侧转运到高浓度一侧的运输方式。(表示主动运输的方向与电化学梯度从高到低的方向相反,是从低到高)

五、练习

(一) 听与读

选择通透性　穿膜运输　膜泡运输　被动运输　主动运输
电化学梯度　顺电化学梯度　逆电化学梯度　代谢能　消耗代谢能
简单扩散　易化扩散　穿膜运输方式　单运输　共运输　对运输
脂溶性物质　非脂溶性物质　运输蛋白　通道蛋白　载体蛋白
内容物　不依赖于膜蛋白的作用　特异性结合　胞吞作用　胞吐作用

(二) 解释下面句子中画线的词语

1. 细胞膜是细胞与环境之间物质交换的<u>必由之路</u>。

　　必:　　　由:　　　之:

2. 简单扩散不依赖<u>于</u>膜蛋白的作用。

　　于:

3. 易化扩散是指非脂溶性物质在膜蛋白的协助下,顺电化学梯度扩散的速率增加,<u>且</u>不消耗代谢能的穿膜运输方式。

　　且:

4. 协同运输即一种物质的运输,<u>伴随</u>着另一种物质同时或<u>随后</u>的运输。

　　伴随:　　　随后:

5. 通道蛋白形成贯穿膜层的<u>充水</u>通道。

   充水：

（三）根据课文内容判别正误

1. （　）细胞中的所有物质都可以通过细胞膜。
2. （　）被动运输需要消耗能量，而主动运输则不需要消耗能量。
3. （　）易化扩散不需要消耗能量，膜泡运输需要消耗能量。
4. （　）简单扩散需要膜蛋白的帮助。
5. （　）由通道蛋白介导的物质运输都是被动运输。
6. （　）对运输是指协同运输时两种物质的转运方向相反。

（四）根据课文内容完成句子

1. ＿＿＿＿＿＿是细胞与环境之间物质交换的必由之路。
2. 不同物质通过细胞膜的方式有穿膜运输和＿＿＿＿＿＿两种。
3. 穿膜运输分成＿＿＿＿＿＿和主动运输两大类。
4. 被动运输是指物质顺＿＿＿＿＿＿，从高浓度的一侧通过膜运输到低浓度的一侧，不消耗细胞＿＿＿＿＿＿的运输方式。
5. 被动运输包括简单扩散和＿＿＿＿＿＿两种形式。
6. 运输蛋白在物质运输过程中起协助作用，可分为通道蛋白和＿＿＿＿＿＿两类。
7. 根据物质出入细胞的不同方向，膜泡运输分为胞吞作用和＿＿＿＿＿＿两大类。

（五）名词解释

1. 被动运输——
2. 主动运输——

（六）根据课文回答问题

1. 比较通道蛋白跟载体蛋白的异同。

2. 比较共运输和对运输的异同。

3. 比较简单扩散和易化扩散的异同。

4. 哪些运输方式需要消耗能量？

（七）完成下列表格

名　称	特　点
单运输	
	一种物质的运输，伴随着另一种物质同时或随后的运输
	两种物质的运输方向相同
对运输	
	把物质包围在由膜围成的小泡中进行的运输
	把物质包围在由膜围成的小泡中运进细胞的运输
胞吐作用	
	物质顺电化学梯度，不消耗细胞代谢能的运输
主动运输	
穿膜运输	

（八）课堂活动

1. 说说什么是被动运输和主动运输。
2. 说说载体蛋白的运输方式。

（九）听力训练

1. 词语听写

2. 句子听写

（1）_____

（2）_____

（3）_____

3. 听两遍语段，边听边填表

运输方式	进出细胞的物质	出入细胞的方式
穿膜运输		
膜泡运输		

第九课

重要的离子泵——钠-钾泵和钙泵

 一、生词

普通词语

1.	明	míng	形	明白，清楚：讲～｜不～
2.	若	ruò	连	如果。
3.	随之	suízhī		跟它，跟着它。（详见注释1）
4.	丧失	sàngshī	动	失去：～工作能力｜～原有的功能
5.	可逆	kěnì		在一定的条件下，可以改变其正反方向。可以朝着顺的方向，也可以朝着相反的方向。细胞分化不～
6.	～化	huà		动词词尾。（详见注释2）
7.	去	qù	动	除去，除掉，使没有：～油
8.	示	shì	动	把事物摆出来或指出来使人知道。不能单独使用，要跟在别的词语前面或后面使用。show：所～｜显～｜暗～｜～意｜～众。（详见注释3）
9.	进而	jìn'ér	连	表示在已有的基础上进一步。（详见注释4）
10.	致使	zhìshǐ	动	由于某种原因而使得；使。cause
11.	排	pái	动	用力除去。discharge：把水～出去。
12.	随即	suíjí	副	（书面语）立刻，马上。
13.	脱落	tuōluò	动	附着的东西掉下：牙齿～｜头发～

14. 恢复	huīfù		动	变成原来的样子：~健康
15. 原状	yuánzhuàng		名	原来的样子：恢复~
16. 上述	shàngshù		形	上面所说的。（详见注释5）
17. 反复	fǎnfù		副	一遍又一遍，多次重复：~思考｜~进行
18. 供	gōng		动	给，提供，供应。supply：可~选择
19. 输出	shūchū		动	从内部送到外部。export：血液从心脏~，经过血管分布到全身组织。
20. 摄取	shèqǔ		动	（书面语）吸收（营养等）。absorb：~食物｜~氧气
21. 造成	zàochéng		动	由某种原因构成，形成：~事故
22. 特殊（⟷一般、平常）	tèshū （⟷yìbān、píngcháng）		形	与同类事物或平常情况不同的：情况~｜~人物
23. 调节	tiáojié		动	在原来情况或状态的基础上根据需要进行改变或控制。adjust：~物价
24. 反之	fǎnzhī		连	与此相反；从相反的方面说或做。（详见注释6）
25. 此外	cǐwài		连	指除了上面所说的事物或情况之外的。（详见注释7）

专业词语

1. 钠-钾泵	nà-jiǎbèng	名	Na^+-K^+ pump
泵	bèng	名/动	吸入或排出液体或气体的东西 pump：水~｜气~ 用泵压入或抽出：~入｜~出

2.	对向运输	duìxiàng yùnshū	名	由同一种膜蛋白将两种不同的离子或分子分别向膜的相反方向穿过细胞膜的运输过程。antiport
	对向	duìxiàng	名	两个物体互相朝着对方的方向：～运输
3.	Na⁺-K⁺ATP酶	…méi	名	Na⁺-K⁺ pump
4.	催化亚基	cuīhuà yàjī	名	catalytic subunit
5.	位点	wèidiǎn	名	指两个物体结合的点。locus
6.	构象	gòuxiàng	名	有机化合物分子中，由于碳原子上结合的原子（或原子团）的相对位置改变而产生的不同的空间排列方式。conformation
7.	亲和力	qīnhélì	名	两种或两种以上的物质结合成化合物时互相作用的力。appetency, affinity
8.	激活	jīhuó	动	刺激机体内某种物质，使其活跃地发挥作用。activate
9.	高能磷酸根	gāonéng línsuāngēn		high-energy phosphate radical
	高能	gāonéng	形	具有很高能量的。high-energy：～磷酸根
10.	水解	shuǐjiě	动	化合物跟水作用而分解。hydrolyze：淀粉～生成葡萄糖。
11.	效应	xiàoyìng	名	物理的或化学的作用产生的效果。effect：化学～｜热～
12.	渗透压	shèntòuyā	名	阻止水分子通过半透性膜进入水溶液的压力。水溶液渗透压的大小与浓度成正比。permeation pressure

	渗透	shèntòu	动	两种气体或两种可以互相混合的液体，相互通过多孔性的薄膜而混合。permeate
13.	膜电位	módiànwèi	名	细胞膜内外的电位差。细胞膜安静时，内负外正，膜电位通常为几十毫伏（mV）；细胞膜受伤时，膜电位减少或消失；当神经或肌肉等细胞受刺激传导冲动时，膜电位暂时可变为内正外负。membrane potential
	电位	diànwèi	名	单位正电荷从某一点移到无穷远时，电场所做的功就是电场中该点的电位。正电荷越多，电位也越高。单位是伏特（V），又称电势。electric potential
14.	钙泵	gàibèng	名	Ca^{2+}-pump
15.	Ca^{2+}-ATP酶	…méi	名	Ca^{2+}-ATPase
16.	基质	jīzhì	名	由生物大分子构成的无定形胶状物，无色透明，具有一定粘性。stroma
17.	线粒体	xiànlìtǐ	名	一种细胞器。mitochondria
18.	内质网	nèizhìwǎng	名	一种细胞器。endoplasmic reticulum, ER
19.	机理	jīlǐ	名	机器的构造和工作原理；本课指钙泵运输钙离子的原理，也叫"机制"。mechanism

二、课文

所有的动物细胞膜上都存在**钠-钾泵**。Na^+-K^+泵是一种能对Na^+和K^+逆电化学梯度**对向**运输的ATP酶，故又称为Na^+-K^+ATP酶。它

问题1：钠-钾泵为什么又称为Na^+-K^+ATP酶？

由一个大的催化亚基和一个小的糖蛋白组成。**催化亚基**的多肽链多次穿膜，在它的胞质面有Na^+和ATP结合**位点**，在膜外侧有K^+的结合位点。Na^+-K^+泵中的糖蛋白功能不**明**，但若把它与催化亚基分开，Na^+-K^+ATP酶的活性也**随之丧失**。

Na^+-K^+泵的催化亚基能**可逆**地**磷酸化**和**去磷酸化**，发生**构象**变化，改变与Na^+、K^+的**亲和力**，从而实现对Na^+、K^+的主动运输。其工作原理如图例所示：①在膜内侧，Na^+与催化亚基结合，**激活ATP酶**，使ATP分解为ADP和**高能磷酸根**；②高能磷酸根与催化亚基结合，**进而**使催化亚基磷酸化；③磷酸化的催化亚基发生构象变化，**致使**Na^+的亲和力降低，从而将Na^+排到膜外侧；④这时酶与K^+亲和力高，在细胞外侧有K^+存在时**随即**与之结合，使催化亚基发生去磷酸化反应，磷酸根**水解脱落**；⑤催化亚基的构象**恢复原状**，与K^+的亲和力降低；⑥在膜内侧K^+被释放。催化亚基又可以与Na^+结合，**上述**过程**反复**进行。

Na^+-K^+ATP酶每水解1分子ATP所释放的能量，可**供输出**3个Na^+，**摄取**2个K^+。由此产生的直接**效应**就是**造成**了细胞外高Na^+、细胞内高K^+的**特殊**离子梯度，该种状态的维持，在**调节**细胞**渗透压**、形成**膜电位**以及保证另一些物质的运输等方面都起着重要作用。

钙泵是存在于细胞膜及某些细胞器膜上的Ca^{2+}-ATP酶，利用水解ATP释放的能量，实现Ca^{2+}逆电化学梯度运输。通常在细胞质**基质**中Ca^{2+}浓度很低，**反之**，在细胞外以及胞内某些

Na^+-K^+泵是由什么组成的？什么情况下Na^+-K^+ATP酶没有活性？

问题2：催化亚基磷酸化后，会发生什么变化？去磷酸化后，又会发生什么变化？催化亚基与Na^+的亲和力什么时候高，什么时候低？与K^+的亲和力什么时候高，什么时候低？

问题3：Na^+-K^+ATP酶每水解1分子ATP可释放多少能量？维持细胞外高Na^+、细胞内高K^+的特殊离子梯度有什么作用？

细胞器（如**线粒体**、**内质网**）中浓度则很高，这种Ca^{2+}浓度梯度的维持，在一定程度上依赖于膜上的Ca^{2+}泵，Ca^{2+}泵把Ca^{2+}运出细胞外或运入内质网、线粒体内。**此外**，Ca^{2+}泵的运输**机理**与Na^+-K^+泵相似，也有磷酸化和去磷酸化的过程。

问题4：什么是钙泵？它有什么作用？钙泵也有磷酸化和去磷酸化的过程吗？

三、课文图例

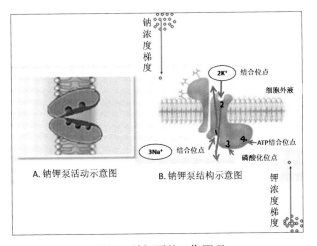

图1　钠钾泵的工作原理

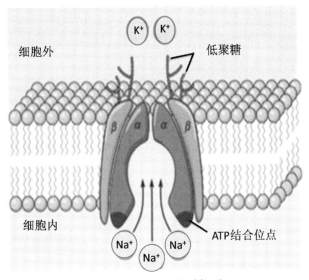

图2　细胞膜中的钠钾泵

四、注释

1. 随之

书面语的常用说法。随：动词,跟着。之:代词,指前面说的人或事物。两个词合在一起,表示跟着前面所说的人或事物的变化而马上发生变化。如:

(1) 若把Na^+-K^+泵中的糖蛋白与催化亚基分开,Na^+-K^+ATP酶的活性也**随之**丧失。("之"指"把Na^+-K^+泵中的糖蛋白与催化亚基分开")

(2) DNA双链解旋分开后,每一条链各为模板,**随之**通过碱基互补而连接上各个单核苷酸。("之"指"DNA双链解旋分开后")

2. ~化

动词词尾。加在名词、形容词或动词的后面构成动词,表示转变成某种性质或状态。如:

老**化**、绿**化**、美**化**、电气**化**、磷酸**化**、去磷酸**化**、活**化**

3. 示

动词。把事物摆出来或指出来使人知道。不能单独使用,要跟在别的单音节词后面或有别的单音节词跟在它的后面。如:

所**示**、显**示**、暗**示**、**示**意、**示**众

在书面语中,还常出现"如图所**示**│如图2所**示**"等习惯用语,意思是"像图片(或编号为2的图片)所展示的那样"。碰到这样的用语,我们应该找文章中附上的图片对照着来看,边看边理解文章对图片的解释语句。

4. 进而

连词。连接两个小句,表示在已有的基础上进一步。前一小句先说明完成某事,"进而"用于后一小句。如果后一小句省略了主语,"进而"用在后一小句开头;如果后一小句带主语,"进而"用在后一小句的主语后谓语

前。有时候"进而"前面可以加"又、再、才、并"等副词。如：

（1）高能磷酸根与催化亚基结合，**进而**使催化亚基磷酸化。

（2）DNA解旋后，每一条链通过碱基互补连接上各个单核苷酸，单核苷酸**进而**连接成多核苷酸链。

5. 上述

前面或上面说到的。放在名词前面做定语。它所指的内容，有时候是前面说到的一些词语，有时候是上面提到的很长的内容。它所修饰的名词，常常用一个前面说到的内容的概括性词语（如"形式、内容"等），跟它一起构成"上述形式、上述内容、上述各点、上述方法、上述讲话、上述结构、上述模型"等。如：

（1）被动运输包括简单扩散和易化扩散两种形式。**上述**两种形式都不消耗细胞的代谢能。（"上述"指前面说到的"简单扩散和易化扩散"这两种物质运输形式）

（2）Na^+-K^+泵的工作原理如图2所示：①……②……③……④……⑤……⑥……。**上述**过程反复进行。
（"上述"指上面说到的①—⑥的整个过程）

6. 反之

连词。与此相反；从相反的方面说或做。用在两个小句、句子或段落中间，起转折作用，引出跟前面所说相反的另一个意思。"反之"后要有停顿。如：

（1）被动运输是不消耗细胞代谢能的运输方式。**反之**，主动运输需要消耗代谢能。

（2）膜脂分子的亲水末端与水接触，**反之**，疏水末端则藏于分子团内部不与水接触。

7. 此外

连词。指除了上面所说的事物或情况之外的。连接小句、句子或段落。可以换成"另外"。"此外"后可以有停顿，也可以不停顿。如：

（1）关于生物膜的分子结构，最有代表性的是片层结构模型、单位膜模型和液态镶嵌模型，**此外**还有晶格镶嵌模型等。

（2）……，**此外**，又有人提出晶格镶嵌模型等，进一步完善了膜的分子结构理论。

五、练习

（一）听与读

钠-钾泵　Na^+-K^+ATP酶　钙泵　$Ca^{2+}-ATP$酶

电化学梯度　逆电化学梯度　逆电化学梯度运输

Ca^{2+}浓度梯度　Na^+浓度梯度

对向运输　Na^+-K^+对向运输　磷酸化　去磷酸化

催化亚基　结合位点　高能磷酸根　亲和力　渗透压　膜电位

线粒体　内质网　可逆地　发生构象变化　水解

（二）选择对句子意思理解正确的答案（每题最少有一个正确答案）

1. Na^+-K^+泵是一种能对Na^+和K^+逆电化学梯度对向运输的ATP酶，故又称为Na^+-K^+ATP酶。

    A. Na^+-K^+泵又称为Na^+-K^+ATP酶

    B. Na^+-K^+泵是对向运输

    C. Na^+-K^+泵对Na^+和K^+的运输方向相同

    D. Na^+-K^+泵对Na^+和K^+的运输方向相反

2. 催化亚基的多肽链多次穿膜，在它的胞质面有Na^+和ATP结合位点，在膜外侧有K^+的结合位点。

    A. 在多肽链的胞质面有Na^+和ATP结合位点

    B. 在多肽链的膜外侧有K^+的结合位点。

    C. 在催化亚基的胞质面有Na^+和ATP结合位点

    D. 在催化亚基的膜外侧有K^+的结合位点。

3. Na^+-K^+泵的催化亚基能可逆地磷酸化和去磷酸化。

 A. Na^+-K^+泵的催化亚基能磷酸化,也能去磷酸化

 B. Na^+-K^+泵的催化亚基能磷酸化,但不能去磷酸化

 C. Na^+-K^+泵的催化亚基能去磷酸化,但不能磷酸化

 D. Na^+-K^+泵的催化亚基不能磷酸化,也不能去磷酸化

(三) 解释下面画线词语的意思

1. Na^+-K^+泵中的糖蛋白功能不明,但若把<u>它</u>与催化亚基分开,Na^+-K^+ATP酶的活性也随<u>之</u>丧失。

 它: 之:

2. Na^+-K^+ATP泵的催化亚基能可逆地磷酸化和去磷酸化,发生构象变化,改变与Na^+、K^+的亲和力,从而实现对Na^+、K^+的主动运输。<u>其</u>工作原理如图2所示。

 其:

3. 这时酶与K^+亲和力高,在细胞外侧有K^+存在时随即与<u>之</u>结合,使催化亚基发生去磷酸化反应,磷酸根水解脱落。

 之:

4. 由此产生的直接效应就是造成了细胞外高Na^+、细胞内高K^+的特殊离子梯度,<u>该种状态</u>的维持,在调节细胞渗透压、形成膜电位以及保证另一些物质的运输等方面都起着重要作用。

 该种状态:

(四) 根据课文判断正误

1. (　) 钠-钾泵和钙泵都存在于细胞膜及某些细胞器膜上。

2. (　) Na^+-K^+泵能把Na^+和k^+从高浓度的地方运输到低浓度的地方。

3. (　) 钠-钾泵和钙泵的运输方式都是主动运输。

4. (　) 如果Na^+-K^+泵中的糖蛋白与催化亚基结合,Na^+-K^+泵就没有活性了。

5. (　) Na^+-K^+泵的催化亚基能保持跟Na^+和K^+的亲和力,从而实现对Na^+、K^+的主动运输。

6.（　）如果Na⁺不与催化亚基结合，就不能使ATP分解为ADP和高能磷酸根。

7.（　）催化亚基的磷酸化，就是高能磷酸根与催化亚基结合。

8.（　）催化亚基的去磷酸化，就是细胞内侧的K⁺与催化亚基结合，使磷酸根水解脱落。

9.（　）Na⁺-K⁺泵和钙泵都有磷酸化和去磷酸化的过程。

10.（　）Na⁺-K⁺泵和钙泵都是利用ATP释放的能量来实现逆电化学梯度运输的。

（五）根据课文内容完成句子

1. 所有动物的细胞膜上都存在_____。

2. Na⁺-K⁺泵是一种能对Na⁺和K⁺逆电化学梯度_____的ATP酶，故又称为_____。

3. Na⁺-K⁺泵的催化亚基能可逆地磷酸化和_____，发生构象变化。

4. 钙泵是存在于细胞膜及某些细胞器膜上的_____，利用水解ATP释放的能量，实现Ca^{2+}_____。

5. 通常在细胞质基质中Ca^{2+}浓度很_____，反之，在细胞外以及胞内某些细胞器（如线粒体、内质网）中浓度则很_____。

6. Ca^{2+}浓度梯度的维持，在一定程度上依赖于膜上的_____，它把Ca^{2+}运出细胞外或运入内质网、线粒体内。

（六）用"出、进、内、外"等词语填空

Na⁺-K⁺泵的催化亚基在膜（　）侧有Na⁺和ATP的结合位点，在膜（　）侧有K⁺的结合位点。Na⁺与催化亚基结合后，经过磷酸化将Na⁺排（　）细胞（　）；这时细胞（　）侧的K⁺能与催化亚基结合，使催化亚基发生去磷酸化反应，从而把K⁺泵（　）细胞（　）。由此造成了细胞（　）Na⁺浓度高和细胞（　）K⁺浓度高的特殊离子梯度。

（七）根据课文回答问题

（1）Na^+-K^+泵的催化亚基怎样进行磷酸化和去磷酸化的工作？

（2）比较Na^+-K^+泵和钙泵的异同。

（八）课堂活动

互相说说Na^+-K^+泵催化亚基的工作原理。

（九）听力训练

1. 词语听写

2. 句子听写

（1）_____

（2）_____

（3）_____

3. 听后选择正确的答案

（1）什么情况下Na^+-K^+泵的活性会丧失？

  A. Na^+-K^+泵与糖蛋白结合

  B. Na^+-K^+泵与糖蛋白分开

  C. 催化亚基与糖蛋白结合

  D. 催化亚基与糖蛋白分开

（2）ATP在什么时候被激活？

  A. 膜内侧有Na^+时

  B. 膜外侧有Na^+时

  C. Na^+在膜内侧的结合位点与催化亚基结合后

  D. Na^+在膜外侧的结合位点与催化亚基结合后

（3）磷酸根什么时候水解脱落？

  A. 磷酸根在膜内侧与催化亚基结合后

B. 磷酸根在膜外侧与催化亚基结合后

C. K^+ 在膜外侧与催化亚基结合后

D. K^+ 在膜内侧与催化亚基结合后

（4）维持细胞外高 Na^+、细胞内高 K^+ 的状态，对什么有重要作用？

A. 激活 Na^+、K^+ 的状态

B. 形成膜电位

C. 调节细胞渗透压

D. 保证另一些物质的运输

（5）下面说法正确的是 _____。

A. 细胞质基质中 Ca^{2+} 浓度很低

B. 细胞外 Ca^{2+} 浓度则很高

C. 线粒体、内质网中 Ca^{2+} 浓度很高

D. 线粒体、内质网中 Ca^{2+} 浓度很低

第十课 胞吞作用和胞吐作用

 一、生词

普通词语

1.	脱离	tuōlí	动	离开（某种环境），断绝（某种联系）：~危险。
2.	内吞（←→外吐）	nèitūn（←→wàitǔ）		把东西向内吸入。（详见注释1）
3.	摄入物	shèrùwù	名	摄取进来的物质。
4.	粉尘	fěnchén	名	粉末状的细小的固体颗粒。
5.	碎片	suìpiàn	名	零散破碎的物片。
6.	甚至	shènzhì	连	强调突出的事例（有更进一层的意思）。（详见注释2）
7.	诱导	yòudǎo	动	引导，引起。lead, guide：~分化
8.	封闭	fēngbì	动	紧紧盖住或关住使不能通过或随便打开。seal up
9.	微小	wēixiǎo	形	非常小，极小：~颗粒
10.	高效	gāoxiào	形	在一定的时间内完成的工作量比一般情况多：~地使用
11.	相应	xiāngyìng	动	某种物质与另一种物质在性质、作用、位置或数量等方面互相配合。（详见注释3）
12.	聚集	jùjí	动	集合，集中在一起：~在细胞表面

13.	高度	gāodù	形	程度很高的：我们应该~重视这个问题。
14.	浓缩	nóngsuō	动	用一定的方法使物体中不需要的部分减少，从而使需要的部分相对含量增加：高度~
15.	覆盖	fùgài	动	盖着：~着鲜花
16.	毛刺状	máocì zhuàng		像毛刺的形状。毛刺：像毛那样细小的刺。
17.	衣被	yībèi		衣服和被子，比喻盖在物质外面的一层东西。
18.	分别	fēnbié	副	各人或各事物自己。（详见注释4）
19.	移	yí	动	位置从一个地方到另一个地方：~到体外
20.	开放	kāifàng	动	展开，打开：向细胞外~
21.	未	wèi	副	还没有：~消化。
22.	更新	gēngxīn	动	去掉旧的，建立新的：细胞膜得到~。
23.	体积	tǐjī	名	物体在空间占的位置的大小。volume：细胞的~

专业词语

1.	小泡	xiǎopào		vesicles
2.	吞噬作用	tūnshì zuòyòng		phagocytosis
3.	吞噬	tūnshì	动	吞食。噬：咬。
4.	胞饮作用	bāoyǐn zuòyòng		pinocytosis
5.	受体介导的胞吞作用	shòutǐ jièdǎo de bāotūn zuòyòng		receptor mediated endocytosis
6.	细菌	xìjūn	名	原核生物（没有真正的细胞核的细胞构成的生物）的一大类。bacteria

7. 伪足	wěizú	名	某些动物的临时性运动细胞器。当动物运动时,细胞表面能伸出1个或数个长短不一的突起,整个身体可随突起伸出的方向向前移动。伪足无固定的形状、部位和数目,一般呈叶状、指状、针状、丝状等。pseudopodia
8. 囊泡	nángpào	名	vesicles
9. 溶酶体	róngméitǐ	名	lysosome
10. 消化	xiāohuà	动	食物在动物体内经过物理和化学作用变成能够在水里溶解并被机体吸收的东西。digest
11. 细胞外液	xìbāo wàiyè	名	extracellular fluid
12. 溶质	róngzhì	名	溶解在溶液中的物质。如糖水里的糖就是溶质。
13. 复合物	fùhéwù	名	由两种或以上物质结合而成的物质。如脂分子与蛋白质结合成的脂蛋白就是一种复合物。(详见注释5)
14. 有被小窝	yǒubèi xiǎowō		coated pit
15. 有被小泡	yǒubèi xiǎopào		coated vesicle
16. 内膜系统	nèimó xìtǒng		指所有位于细胞质中的膜性机构。endomembrane system
17. 激素	jīsù	名	荷尔蒙。hormone
18. 抗体	kàngtǐ	名	人和动物的血液中,由于病菌或病毒的侵入而产生的具有免疫功能的蛋白质。它能与抗原(病菌、病毒等)特异性地结合,从而抵抗或杀死侵入机体的病菌或病毒。antibody

二、课文

胞吞作用是部分细胞膜包围环境中的大分子或颗粒物质，形成**小泡**，**脱离**细胞膜进入细胞内的物质转运过程。根据**内吞**物质的性质、所形成小泡的大小及转运特异性，胞吞作用可分为**吞噬作用**、**胞饮作用**和**受体介导的胞吞作用**。

吞噬作用是细胞对大颗粒物质的摄取过程。**摄入物**包括**细菌**、**粉尘**颗粒、细胞**碎片甚至**整个细胞。当这些物质与细胞表面接触时，可**诱导**细胞的吞噬活动，接触区域的细胞膜内凹，同时细胞伸出**伪足**包围大颗粒，形成一个围绕大颗粒的**封闭囊泡**，然后囊泡脱离细胞膜，进入细胞，与细胞内的**溶酶体**融合，摄入的物质被溶酶体内的酶**消化分解**。

胞饮作用是细胞摄入**细胞外液**及其中的**溶质**大分子或极**微小**颗粒的过程。

受体介导的胞吞作用是受体参与的一种特异、**高效**地摄取细胞外大分子的胞吞方式。其特点为：在细胞膜上有所要摄入物的特异受体，当大分子与**相应**的受体识别结合后，才能激活胞吞活动；大分子与受体形成的**复合物聚集**在小凹内，进一步封闭成小泡。因此被转运的物质都是经过受体选择并且被**高度浓缩**的。在此过程中形成的小凹及小泡的胞质面都**覆盖**有毛刺状结构的**衣被**，**分别称为有被小窝和有被小泡**。

问题1：什么叫胞吞作用？它有哪些类型？根据什么划分出这些类型？

问题2：什么是吞噬作用？它摄入的是哪些物质？这些物质如何被摄入并消化分解？

问题3：什么是胞饮作用？它摄入哪些物质？

问题4：什么是受体介导的胞吞作用？怎样才能激活胞吞活动？小泡是怎样形成的？被转运的物质有什么特点和功能？什么叫有被小窝和有被小泡？

胞吐作用与胞吞作用相反，其基本过程是先以**内膜系统**的膜包围细胞内某些物质形成小泡，接着小泡**移**到细胞膜与之融合，最后小泡向细胞外**开放**，把内容物排到细胞外。细胞产生的**激素**、酶类、**抗体**、细胞外基质成分以及**未**被消化的物质等大分子物质就是以胞吐的方式排到细胞外的，同时细胞内合成的膜成分也随小泡运送到质膜，使细胞膜得到补充和**更新**，一些内吞入细胞的质膜及膜上的一些特异成分（如膜受体）可以通过胞吐重新回到细胞膜。因此，胞吞活跃的细胞，其胞吐活动也同样活跃，细胞以此来维持自身表面积和**体积**的稳定。

问题5：胞吐作用的基本过程是什么？哪些物质是以胞吐的方式排到细胞外的？细胞膜是怎样得到补充和更新的？细胞怎样维持自身表面积和体积的稳定？

三、课文图例

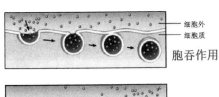

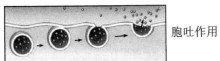

图1 胞吞作用和胞吐作用

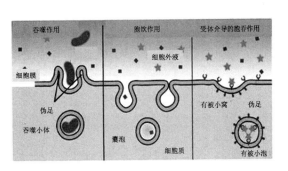

图2 胞吞作用的三种类型

101

四、注释

1. 内/外+吞/吐/凹（V.）

表示方向的名词"内""外"可以放在有方向性的动词"吞、吐、凹、凸、排、吸"等的前面，以明确表示动作的方向。如：内吞、外吐、内凹、外凸、内吸、外排。使用时应注意："内"要跟表示向内方向的动词搭配，"外"要跟表示向外方向的动词搭配，不能随意搭配。如不能说"内吐、外凹、内排"等。

2. 甚至

表示递进关系的连词。连接有程度差别的两项或几项。可以连接词、词组和分句。一般放在所连接的最后一项前面，表示这一项是各项中最突出的，起强调的作用。如：

（1）摄入物包括细菌、粉尘颗粒、细胞碎片**甚至**整个细胞。（连接词和词组。连接的各项体积由小到大，"甚至"放在最后一项"整个细胞"前面，强调这一项的体积最大。）

如果连接分句，"甚至"放在最后一个分句的开头，第一分句常用"不但……"。如：

（2）细胞连接不但可以使细胞连成组织、器官、系统、有机体，**甚至**通过连接装置可以介导细胞间的通信，协调细胞间的代谢活动。（"甚至"放在第二分句开头，突出强调第二分句所表示的细胞连接的作用。）

3. 相应

动词。表示互相呼应或照应，互相适应。具体来说，就是表示某种物质与另一种物质在性质、作用、位置或数量等方面互相配合。如：

（1）在细胞膜上有所要摄入物的特异受体，当大分子与**相应**的受体识别结合后，才能激活胞吞活动。（意思是：不同的大分子的摄入物有不同的受体，每种大分子只能与特定的受体结合。）

（2）载体蛋白通过与**相应**的物质特异性结合而转运该物质穿过细胞膜。（意思是：载体蛋白不能随意地与任何物质结合，某种载体蛋白只能与跟它配合的物质结合。）

4. 分别

副词。表示各人或各事物自己。在句子中，常表示把前后两组事物按顺序一个对一个。如：

（1）在此过程中形成的小凹及小泡的胞质面都覆盖有毛刺状结构的衣被，**分别**称为有被小窝和有被小泡。（即：小凹称为有被小窝，小泡称为有被小泡。）

（2）顺电化学梯度和逆电化学梯度的运输方式**分别**称为被动运输和主动运输。（即：顺电化学梯度的称为被动运输，逆电化学梯度的称为主动运输。）

5. ~物

"物"表示东西、物质。它跟在名词或动词后面可以构成名词。如：

复合**物**、内容**物**、衍生**物**、摄入**物**、有机**物**、化合**物**等。

6. 阅读技能（一）

（1）根据术语的结构猜词

汉语的术语多数是偏正式结构，构成术语的方式主要有"功能+名词、特点+名词、位置+名词、形状+名词、成分+名词"等。我们阅读时遇到一个新术语，可以试着根据这些结构去猜猜这个术语的意思。如：运输蛋白、兼性分子、膜蛋白、球形蛋白质、糖蛋白。

（2）根据上下文理解术语

专业教科书里有很多专业术语，有一些术语的解释可以在靠近术语的上下文中找到。如果出现一个术语后，紧接着有"是""就是""即""指""是指""称为""称之为""被称之为"等词语出现，这些词后面的部分就是对这个术语的解释。我们可以根据这些解释去理解术语，不必每看到一个没学过的术语都去查词典。

五、练习

（一）听与读

胞吞作用　内吞物质　吞噬作用　胞饮作用　受体介导的胞吞作用
摄入物　细菌　粉尘颗粒　细胞碎片　伪足　封闭囊泡　溶酶体
溶质　复合物　有被小窝　有被小泡　内膜系统　内容物　激素
酶类　抗体　分泌小泡

（二）根据术语的结构猜猜下面术语的含义

吞噬作用　有被小窝　有被小泡　内膜系统　分泌小泡

（三）阅读课文，根据上下文找出课文中对下面术语的解释，并分别指出课文中用了什么解释性的动词

胞吞作用、吞噬作用、胞饮作用、受体介导的胞吞作用、胞吐作用、有被小泡运输

（四）解释下面句子中画线的词语

1. 胞饮作用是细胞摄入细胞外液<u>及其</u>中的溶质大分子或极微小颗粒的过程。

　　及：　　　　　　　其：

2. 受体介导的胞吞作用是受体参与的一种特异、高效地摄取细胞外大分子的胞吞方式。<u>其</u>特点为：……

　　其：

3. 被转运的物质都是经过受体选择并且被<u>高度</u>浓缩的，<u>这</u>为从细胞外液中摄取特定大分子提供了<u>有效</u>的途径。

　　高度：　　　　　　这：

　　有效：

4. 胞吐作用与胞吞作用相反，其基本过程是先以内膜系统的膜包围细胞内某些物质形成小泡，接着小泡移到细胞膜与之融合……

其：　　　　　　之：

（五）根据课文内容完成句子

1. 胞吞作用可分为_____、胞饮作用和_____三种类型。

2. 吞噬作用的摄入物包括_____、粉尘颗粒、_____甚至整个细胞。

3. 胞饮作用是细胞摄入细胞外液及其中的_____大分子或极微小颗粒的过程。

4. 在受体介导的胞吞作用过程中形成的小凹及小泡的胞质面都覆盖有毛刺状结构的衣被，分别称为_____和_____。

5. 细胞产生的_____、酶类、_____、细胞外基质成分以及未被消化的物质等大分子物质就是以_____的方式排到细胞外的。

6. 细胞通过胞吞作用和_____来维持自身表面积和_____的稳定。

（六）句子理解

1. 胞吞作用是部分细胞膜包围环境中的大分子或颗粒物质，形成小泡，脱离细胞膜进入细胞内的物质转运过程。

   A. 胞吞作用是摄入物质还是排出物质？

   B. 在胞吞作用中，细胞膜包围的是细胞内的物质还是细胞外的物质？

   C. 胞吞作用形成的小泡，它的膜是从哪里来的？

2. 当这些物质与细胞表面接触时，可诱导细胞的吞噬活动，接触区域的细胞膜内凹，同时细胞伸出伪足包围大颗粒，形成一个围绕大颗粒的封闭囊泡，然后囊泡脱离细胞膜，进入细胞，与细胞内的溶酶体融合，摄入的物质被溶酶体内的酶消化分解。

   A. "这些物质"在课文中具体是指哪些物质？

   B. 细胞的吞噬活动什么时候发生？

   C. 细胞的吞噬活动在哪里发生？

   D. 细胞的吞噬活动有几个步骤？具体说说这几个步骤。

   E. 被吞噬的物质最后去了哪里？

3. 胞饮作用是细胞摄入细胞外液及其中的溶质大分子或极微小颗粒的过程。

   A. 胞饮作用前，"溶质大分子或极微小颗粒"在哪里？

   B. 胞饮作用摄入的物质中有没有细胞外液？

4. 在细胞膜上有所要摄入物的特异受体，当大分子与相应的受体识别结合后，才能激活胞吞活动；大分子与受体形成的复合物聚集在小凹内，进一步封闭成小泡。

   A. 在受体介导的胞吞作用中，细胞膜能直接把大分子物质封闭成小泡吗？为什么？

   B. 受体介导的胞吞作用什么时候发生？

   C. 大分子与受体结合后马上进入细胞内吗？

5. 在此过程中形成的小凹及小泡的胞质面都覆盖有毛刺状结构的衣被，分别称为有被小窝和有被小泡，因此，受体介导的胞吞作用又被称之为有被小泡运输。

   A. 请根据句子提供的内容解释有被小窝和有被小泡。

   B. 为什么受体介导的胞吞作用又被称为有被小泡运输？

6. 胞吐作用与胞吞作用相反，其基本过程是先以内膜系统的膜包围细胞内某些物质形成小泡，接着小泡移到细胞膜与之融合，最后小泡向细胞外开放，把内容物排到细胞外。

   A. 胞吐作用有几个步骤？具体说说这几个步骤。

   B. 胞吐作用形成的小泡，它的膜是从哪里来的？最后到了哪里？

C. 胞吐作用中小泡里的物质最后去了哪里？
7. 细胞产生的激素、酶类、抗体、细胞外基质成分以及未被消化的物质等大分子物质就是以胞吐的方式排到细胞外的，同时细胞内合成的膜成分也随小泡运送到质膜，使细胞膜得到补充和更新，一些内吞入细胞的质膜及膜上的一些特异成分（如膜受体）可以通过胞吐重新回到细胞膜，因此，胞吞活跃的细胞，其胞吐活动也同样活跃，细胞以此来维持自身表面积和体积的稳定。

A. 细胞内主要有哪些物质通过胞吐的方式排到细胞外？

B. 细胞膜是怎样得到补充和更新的？

C. 一些质膜和膜上的受体在胞吞作用时离开胞膜进入到细胞内，细胞膜会不会因此变小？细胞膜上的受体会不会因此变少？为什么？

D. 细胞怎样维持自身表面积和体积的稳定？

（七）根据课文回答问题

1. 胞饮作用和吞噬作用摄入的物质有什么不同？

2. 胞吞作用的三种类型都会形成小泡吗？

3. 受体介导的胞吞作用和吞噬作用、胞饮作用有什么异同？

4. 胞吐作用与胞吞作用有什么不同？

（八）课堂活动

1. 互相说说吞噬作用的过程。
2. 互相说说胞吐作用的过程。

（九）听力训练

1. 词语听写

2. 句子听写

（1）_____

（2）_____

（3）_____

3. 听后填空

语段一：

当_____与细胞表面接触时，可_____细胞的_____活动，接触区域的细胞膜内凹，同时细胞伸出_____包围大颗粒，形成一个围绕大颗粒的_____，然后囊泡_____细胞膜，进入细胞，与细胞内的_____融合并被_____分解。

语段二：

在细胞膜上有所要摄入物的_____，当大分子与_____的受体识别结合后，才能激活_____；大分子与受体形成的_____聚集在小凹内，进一步_____成小泡。因此被转运的物质都是经过受体选择并且被_____的。

第十一课

内质网

一、生词

普通词语

1.	管	guǎn	名	细长、中间空的东西：血~
2.	扁囊	biǎnnáng	名	比较薄的像袋子的东西。
3.	腔	qiāng	名	人或动物身体里中间空的部分：口~
4.	隙	xì	名	物体上裂开的地方，或物体之间很窄的距离：腔~
5.	异	yì	形	不同：~同
6.	随/依……而……	suí/yī……ér……		（详见注释1）
7.	狭窄	xiázhǎi	形	非常窄：管腔~
8.	旺盛	wàngshèng	形	很有活力。vigorous：精力~
9.	发达	fādá	形	充分发展的。developed：医学~
10.	期	qī	名	一段时间：静止~
11.	成熟	chéngshú	形	发展到完善的阶段。mature：~期
12.	相比	xiāngbǐ		（详见注释2）
13.	判断	pànduàn	动	分析断定。下结论。judge：~的标准
14.	形态	xíngtài	名	事物的状态或形式。shape, form：细胞的~
15.	指标	zhǐbiāo	名	规定要达到的目标。index：判断的~

16.	稀疏	xīshū	形	空间隔得远或时间拉得长。指不多也不密。sparsity：头发~
17.	失去	shīqù	动	原先有的东西没有了：~机会
18.	光滑	guānghuá	形	物体表面比较平滑。smooth：表面~
19.	平整	píngzhěng	形	又平又整齐：膜的表面~
20.	一般来说	yìbān láishuō		generally speaking
21.	亦然	yìrán		也这样。
22.	较为	jiàowéi	副	表示具有一定程度；比较（多用来比较前后同类事物）：~复杂（详见注释3）
23.	转化	zhuǎnhuà	动	（向相反的方面）转变；变化：互相~
24.	在于	zàiyú	动	指出事物最重要的地方在哪里。（详见注释4）
25.	基地	jīdì	名	做某种事情的重要地方或基本的地方。base：合成~
26.	机械	jīxiè	名	利用力学原理组成的各种装置。machine
27.	修饰	xiūshì	动	（对人或东西）进行整理、装饰，使变得整齐好看。do up：~加工

专业词语

1.	粗面内质网	cūmiàn nèizhìwǎng		rough endoplasmic reticulum
2.	滑面内质网	huámiàn nèizhìwǎng		smooth endoplasmic reticulum, SER
3.	分化	fēnhuà	动	生物个体发育过程中，细胞向不同的方向发展，各自在结构和功能上由一般变为特殊的现象。differentiate

4.	胰腺	yíxiàn	名	pancreas
5.	胚胎细胞	pēitāi xìbāo		embryo cell
6.	干细胞	gànxìbāo	名	stem cell
7.	培养细胞	péiyǎng xìbāo		cultured cell
8.	病理	bìnglǐ	名	疾病发生的原因和发展的过程。patholgy
9.	多聚体	duōjùtǐ	名	三个或以上物体聚在一起形成的更大的物体。multimer
10.	中毒（⟷解毒）	zhòng dú (⟷jiě dú)		人或动物摄入有毒物质后发生组织细胞破坏、生理机能不正常等现象。intoxication
11.	解聚	jiějù	动	使原先聚集的东西分开。
12.	脱粒	tuōlì	动	threshing
13.	类固醇	lèigùchún	名	steroid
14.	肝细胞	gānxìbāo	名	liver cell
15.	解毒（⟷中毒）	jiědú (⟷zhòng dú)		中和、除去机体内的有毒物质。detoxication

二、课文

内质网是一种重要的细胞器，由一层单位膜围成的形状大小不同的小**管**、小泡或**扁囊**构成，它们连接成连续的网状膜系统。由内质网膜围成的**腔**称为内质网腔。腔隙大小**随**细胞种类和生理状态的不同**而异**，有的很明显，有的很**狭窄**。

内质网**依**其膜表面有无核糖体附着**而**分为

问题1：内质网的结构有什么特点？什么是内质网腔？所有细胞的内质网腔的大小都相同吗？

问题2：内质网有

粗面内质网和**滑面内质网**两类。粗面内质网的数量常与细胞类型、生理状态以及**分化**程度**密切**相关。例如，高度分化的**胰腺外分泌细胞**在分泌功能**旺盛**时，粗面内质网非常**发达**，分泌活动**静止期**则减少。未分化或未**成熟**的细胞如**胚胎细胞**、**干细胞**、**培养细胞**等与相应的正常成熟细胞**相比**，则不发达。所以，粗面内质网的发达程度，可作为**判断**细胞分化程度和功能状态的**形态指标**。

附着在粗面内质网膜上的核糖体，其数量和分布依细胞功能活动和**病理**变化而有所不同。细胞分泌活动旺盛时，核糖体以**多聚体**形式在膜上紧密排列，反之则**稀疏**。细胞**中毒**时，膜上的多聚体核糖体**解聚**为单个核糖体，并**失去**正常而有规律的排列，进而脱离内质网膜，该现象称之为解聚和**脱粒**。

滑面内质网膜的表面没有核糖体附着，膜**光滑平整**。

以上两种类型的内质网在细胞中的分布不同。有的细胞全为粗面内质网，有的细胞全为滑面内质网，有的两者都有。**一般来说**，细胞内粗面内质网丰富者，则滑面内质网的量小，反之**亦然**。但**肝细胞**较为特殊，两种类型的内质网都很丰富，有时相互**转化**。

内质网的重要功能**在于**它不仅是蛋白质、脂类和糖类的重要合成**基地**，而且还与物质运输、物质交换、**解毒**作用以及对细胞的**机械**支持有密切关系。粗面内质网主要负责蛋白质

几种类型？划分的依据是什么？哪些类型的细胞粗面内质网比较发达？哪些类型的细胞粗面内质网不发达？粗面内质网的发达程度可以作为什么指标？

问题3：核糖体的数量和分布与什么有关？什么情况下粗面内质网膜上的核糖体比较多，什么情况下比较少？什么是多聚体核糖体的解聚和脱粒？

问题4：滑面内质网有哪些特点？

问题5：两种类型的内质网在细胞中的分布一样吗？细胞中粗面内质网和滑面内质网的分布有什么特点？

问题6：内质网有什么功能？粗面内质网的主要功能是

的合成、转运及**修饰**加工，而滑面内质网主要负责一些小分子的合成和代谢以及细胞的解毒等。

什么？滑面内质网呢？

三、课文图例

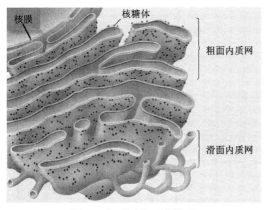

图 1 　内质网的两种类型

图 2 　粗面内质网结构模式图

四、注释

1. 随/依……而……

书面语常用固定结构。"随/依"，动词，与后面的宾语构成动宾结构，表示依据、方式、状态等，做句子的状语。"而"，连词，用于书面语，连接状语和谓语。"而"后面的动词或形容词是句子的谓语。如果"而"后的动词或形容词是单音节词，"而"不能省略，双音节词则可省略"而"。如：

（1）蛋白质的种类**随**氨基酸排列顺序不同**而**异。（"而"不能省略）

（2）蛋白质**依**结构、功能等的不同**而**分为很多种类。（"而"可以省略）

2. A与B相比

表示比较的书面语结构。一般用在比较复杂的句子里，先把要比较的两个东西用"A与B相比"列在句首，有停顿，后面的句子说明比较后的情况或结果。如：

（1）DNA**与**RNA**相比**，前者是双链，后者则是单链。

（2）蛋白质的二级结构**与**三级结构**相比**，二级结构是局部或某一段肽链的空间结构，而三级结构是整条肽链的三维结构。

3. 较为

副词。意思和用法跟副词"比较""较"基本相同，但它后面只能跟双音节形容词。如：

（1）复层柱状上皮的浅层是一层排列**较为**整齐的柱状细胞。（√比较/√较）

（2）骨原细胞**较**小，呈梭形。（×较为/√比较）

4. 在于

动词。指出事物的本质或关键所在，一定要带宾语。如：

（1）多肽和寡肽的区别**在于**氨基酸数目的不同，一般以10个为界。

（2）主动运输和被动运输的区别**在于**运输的物质是逆浓度梯度还是顺浓度梯度，运输过程要不要消耗代谢能。

5. 阅读技能（二）

长句理解的技能——抽取句子主干，把长句变短

专业教科书使用的是书面语。书面语的一个特点是长句比较多。有些同学阅读这些长句时，觉得每个汉字都懂，每个词都学过，可是整个句子是什么意思却完全不明白。下面介绍一些可以帮助我们理解长句的方法。先介绍抽取句子主干，把长句变短的方法。

主语、谓语、宾语是汉语句子的主干，可以给我们提供"谁做什么"或者"什么（谁）怎么样"等重要信息。当句子很长的时候，如果能找出句子的这些主干，就比较容易理解句子的意思了。

怎么才能正确地找到句子的主干呢？

一般来说，句子长，主要是因为在主语和宾语中心语前有复杂的定语，在谓语中心语前或句首有复杂的状语。

先说找主语。医学教科书大多数句子的主语是名词性或代词性词语，位于句首，比较好找。如：

（1）胞吞作用是部分细胞膜包围环境中的大分子或颗粒物质，形成小泡，脱离细胞膜进入细胞内的物质转运过程。

句首的"胞吞作用"，做主语。

但是有些句子句首的名词不是句子的主语。如：

（2）细胞产生的激素、酶类、抗体、细胞外基质成分以及未被消化的物质等大分子物质就是以胞吐的方式排到细胞外的。

句首的名词"细胞"就不是句子的主语，因为"细胞"后面的动词"产生"，后面还有助词"的"。所以，这类句子就要通过确定句子的谓语来找主语。谓语一般是动词或形容词。一般来说，最接近谓语的名词性词语是主语。例（2）的谓语是副词"就"后面的"是"，所以，"就是"前面的名词性词语"大分子物质"才是句子的主语。

有时候，句首不是名词性或代词性词语，而是一个很长的定语。如：

（3）在物质运输过程中起协助作用的膜蛋白，称为运输蛋白。

这类句子的主语前一般有定语的标志"的"，"的"后面的名词性词语就是句子的主语。如例（3）中"的"后的名词"膜蛋白"是这个句子的主语。

宾语跟主语一样，一般也是名词或代词。但它的位置在谓语动词的后面，用找动词谓语后面最后一个"的"的方法能很快就找到宾语中心语。如例（1）谓语动词"是"后面最后一个"的"后的词"物质转运过程"就是句子的宾语。这个句子的主干就是"胞吞作用是物质转运过程"。

需要注意的是，所有介词结构都不是句子主干。找句子主干时，一定要跳过介词结构。

五、练习

（一）听与读

内质网　粗面内质网　滑面内质网　胚胎细胞　干细胞　培养细胞

胰腺　扁囊　多聚体　肝细胞　多聚体核糖体

分化　分泌　中毒　解毒　解聚　脱粒

功能旺盛　静止期　形态指标　病理变化　合成基地

（二）解释下面句子中画线的词语

1. 腔隙大小<u>随</u>细胞种类和生理状态的不同<u>而异</u>，有的很明显，有的很狭窄。

   随……而异：

2. 内质网<u>依其</u>膜表面有无核糖体附着<u>而</u>分为粗面内质网和滑面内质网两类。

   依……而：　　　　　　其：

3. <u>未分化或未成熟的细胞</u><u>与</u>相应的正常成熟细胞<u>相比</u>，则不发达。

   未：　　　　　　与……相比：

4. 附着在粗面内质网膜上的核糖体，<u>其</u>数量和分布依细胞功能活动和病理变化而有所不同。

   其：

5. 细胞分泌活动旺盛时，核糖体以多聚体形式在膜上紧密排列，<u>反之</u>则稀疏。

   反之：

6. 细胞中毒时，膜上的多聚体核糖体解聚为单个核糖体，并失去正常而有规律的排列，进而脱离内质网膜，<u>该</u>现象称<u>之</u>为解聚和脱粒。

   该：　　　　　　之：

7. 一般来说，细胞内粗面内质网丰富者，则滑面内质网的量小，反之<u>亦然</u>。但肝细胞<u>较为</u>特殊。

   亦然：　　　　　　较为：

（三）根据课文内容完成句子

1. 内质网由一层＿＿＿＿＿＿围成的形状大小不同的小管、小泡或＿＿＿＿＿构成。
2. 内质网依其膜表面有无＿＿＿＿＿＿附着而分为粗面内质网和＿＿＿＿＿两类。
3. 粗面内质网的数量常与细胞类型、生理状态以及＿＿＿＿＿密切相关。
4. 粗面内质网的发达程度，可作为判断＿＿＿＿＿＿和功能状态的＿＿＿＿＿。
5. 细胞分泌活动旺盛时，核糖体以＿＿＿＿＿＿形式在膜上紧密排列，反之则＿＿＿＿＿。
6. 细胞中毒时，膜上的＿＿＿＿＿解聚为单个核糖体，并失去正常而有规律的排列，进而脱离内质网，该现象称为＿＿＿＿＿。
7. 滑面内质网膜的表面没有＿＿＿＿＿附着，膜＿＿＿＿＿。
8. 粗面内质网主要负责＿＿＿＿＿的合成、转运及＿＿＿＿＿加工，而滑面内质网主要负责一些＿＿＿＿＿的合成和代谢以及细胞的＿＿＿＿＿等。

（四）抽取下面长句的主干

1. 内质网由一层单位膜围成的形状大小不同的小管、小泡或扁囊构成。

2. 内质网依其膜表面有无核糖体附着而分为粗面内质网和滑面内质网两类。

3. 粗面内质网的数量常与细胞类型、生理状态以及分化程度密切相关。

4. 未分化或未成熟的细胞如胚胎细胞、干细胞、培养细胞等与相应的正常成熟细胞相比，则不发达。

5. 粗面内质网的发达程度，可作为判断细胞分化程度和功能状态的形态指标。

6. 附着在粗面内质网膜上的核糖体，其数量和分布依细胞功能活动和病理变化而有所不同。

（五）名词解释

内质网——

（六）根据课文内容比较粗面内质网和滑面内质网的异同

项目	粗面内质网	滑面内质网
膜表面		
功能		

（七）根据课文回答问题

1. 粗面内质网的数量与什么密切相关？请举例说明。
2. 内质网有什么重要功能？

（八）课堂活动

1. 举例说明粗面内质网的数量怎样与细胞类型、生理状态以及分化程度密切相关。

2. 举例说明核糖体的数量和分布与细胞功能活动和病理变化有关。

（九）听力训练

1. 词语听写

第十一课　内质网

2. 句子听写

(1) _____

(2) _____

(3) _____

3. 听后判断正误

(　　)（1）根据膜表面有没有核糖体附着，内质网可分为粗面内质网和滑面内质网。

(　　)（2）高度分化的胰腺外分泌细胞在分泌功能旺盛时，粗面内质网不发达。

(　　)（3）高度分化的胰腺外分泌细胞在分泌活动静止期粗面内质网减少。

(　　)（4）未分化或未成熟的细胞与相应的正常成熟细胞相比，粗面内质网则不发达。

(　　)（5）判断细胞分化程度不能以粗面内质网的发达程度作为形态指标。

第十二课

高尔基复合体

一、生词

普通词语

1.	固有	gùyǒu	形	本来就有的：～的物质
2.	中介	zhōngjiè	名	在双方中间起介绍或引导作用的人或事物。medium：～细胞器
3.	扁平	biǎnpíng	形	又薄又平：～囊泡
4.	平行	píngxíng	形	parallel：～线
5.	堆	duī	名	heap：沙～
6.	孔	kǒng	名	hole：小～
7.	与……相通	yǔ…xiāngtōng		（详见注释1）
8.	若干	ruògān	数	指不定量，几(个)。（详见注释2）
9.	弓形	gōngxíng	名	arcuate
10.	管道	guǎndào	名	管子，通道。tube：弯曲的～
11.	凸出	tūchū	动	使中间高，周围低：～的一面
12.	朝向	cháoxiàng		toward：～细胞膜
13.	散布	sànbù	动	spread：～于细胞内
14.	由……而来	yóu…érlái		derived from（详见注释3）
15.	载	zài	动	carry：～有蛋白质成分
16.	得以	déyǐ	动	可以，能够：～补充

17. 平衡	pínghéng	名	一个整体的各部分在质量、数量或程度等方面基本相同。balance：动态~
18. 分类	fēn lèi		根据事物的性质特点等分出种类。细胞~
19. 赋予	fùyǔ	动	交给。~生命
20. 分选	fēnxuǎn	动	区分并选择：~信号

专业词语

1. 高尔基复合体	gāo'ěrjī fùhétǐ		Golgi complex
2. 扁平囊泡	biǎnpíng nángpào		saccules
3. 小囊泡	xiǎonángpào		vesicles
4. 大囊泡	dànángpào		vacuoles
5. 扁平囊堆	biǎnpíng nángduī		oblate vesicle stack
6. 顺面	shùnmiàn	名	cis face
7. 形成面	xíngchéngmiàn	名	forming face
8. 细胞核	xìbāohé	名	nucleus
9. 反面	fǎnmiàn	名	trans face
10. 成熟面	chéngshúmiàn	名	mature face
11. 芽生	yá shēng		（粗面内质网）像芽一样长出（小囊泡）。budding
芽	yá	名	bud：豆~
12. 运输小泡	yùnshū xiǎopào		transport vesicle
13. 内含物	nèihánwù	名	里面含有的东西。
14. 膨出	péngchū	动	膨胀、长出。
15. 浓缩泡	nóngsuōpào	名	concentrated vesicle

16. 分泌泡	fēnmìpào	名	secretory vesicle
17. 新陈代谢	xīnchén dàixiè		指生物体从外界摄取物质供生长、发育和维持自身生命活动，并排出废物的过程。metabolism
18. 定向运输	dìngxiàng yùnshū		directional transportation
定向	dìngxiàng	动	指有一定的方向或目标。
19. 糖基化	tángjīhuà	名	glycosylation
糖基	tángjī	名	glycosyl

二、课文

高尔基复合体是真核细胞中**固有**的**中介**细胞器。它是由光滑膜组成的囊泡系统，包括**扁平囊泡**、**小囊泡**和**大囊泡**三种基本成分。

高尔基复合体的主体是由3—10层**平行**排列在一起的扁平囊泡组成的**扁平囊堆**。每个扁平囊泡由两条平行的单位膜构成，中间较窄，周边较宽。扁平囊的中央部分较平，为中央板状区，其上有**孔**，可**与**相邻的扁平囊泡或周围的小泡、小管**相通**。

整个高尔基复合体可由**若干**个扁平囊堆组成，排列成**弓形**、半球形或球形，扁平囊堆之间由一些盘曲状**管道**相连。扁平囊堆**凸出**的一面为**顺面**或**形成面**，靠近**细胞核**或内质网；凹入的一面为**反面**或**成熟面**，**朝向**细胞膜。

小囊泡为球形小泡，数量较多，**散布**于扁平囊泡周围，多见于顺面。一般认为小囊泡**由**粗面内质网**芽生而来**，**载**有在粗面内质网合成

问题1：什么是高尔基复合体？高尔基复合体有哪些基本成分？

问题2：高尔基复合体的主体由什么组成？扁平囊泡有哪些特点？

问题3：整个高尔基复合体的组成有什么特点？什么叫顺面或形成面？什么叫反面或成熟面？它们分别朝向哪里？

问题4：什么是小囊泡？为什么它

的蛋白质成分并运送到扁平囊中，故又称**运输小泡**。由于运输小泡与扁平囊的融合，从而使扁平囊的膜成分和**内含物得**以补充。

大囊泡是球形泡，多见于扁平囊扩大的末端或反面。一般认为大囊泡是由扁平囊泡的两端和反面的膜局部**膨出**、脱离而成，并带有扁平囊泡所含有的分泌物质。大囊泡对所含的分泌物有继续浓缩的作用，故又称**浓缩泡**或**分泌泡**。在分泌细胞中，当大囊泡要排出分泌物质时，其膜与细胞膜融合，将分泌物排出，因此，扁平囊泡的膜也不断被消耗。由此可见，内质网、小囊泡、扁平囊泡、大囊泡和细胞膜之间的膜成分，不断地进行着**新陈代谢**，并保持着一种动态**平衡**。

高尔基复合体的重要功能，一是对蛋白质进行**分类**加工，**赋予分选**信号，然后进行定向运输；二是为细胞提供一个内部的运输系统，用来完成蛋白质和脂质的运输；三是对粗面内质网合成的各种蛋白质以及其他的一些糖蛋白进行加工和修饰，并参与某些糖脂的**糖基化**。

又叫运输小泡？一般认为小囊泡从哪里来？它有什么功能？

问题5：什么是大囊泡？为什么它又叫浓缩泡或分泌泡？一般认为大囊泡从哪里来？它有什么功能？

问题6：高尔基复合体的重要功能有哪些？

三、课文图例

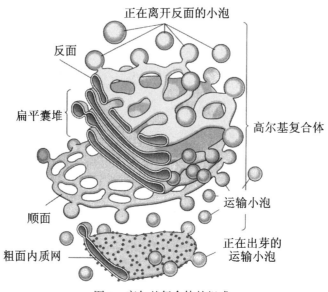

图1 高尔基复合体的组成

四、注释

1. 与……相通

"相通",动词,表示事物之间互相连接沟通。常跟"与"搭配使用,构成"A与B相通"的固定格式。如:

(1)内质网的扁囊**与**小泡、小管**相通**。

(2)扁平囊的中央有孔,可**与**周围的小泡**相通**。

2. 若干

疑问代词。多少。书面语。指不定量。意思跟"几""一些"等差不多。"几""一些"是口语。如:

(1)蛋白质的四级结构由**若干**个亚基组成。

(2)整个高尔基复合体可由**若干**个扁平囊堆组成。

3. 由……而来

固定结构。介词"由"后面的名词或代词表示事物的来源。连词"而"前的动词表示"来"的方式。如：

（1）吞噬作用形成的囊泡的膜**由**细胞膜内凹脱落**而来**。

（2）一般认为小囊泡**由**粗面内质网芽生**而来**。

4. 阅读技能（三）

理解长句中的复杂定语和复杂状语

在专业医学教科书里，有时候一个长句的重要信息在定语和状语里。不明白句中的定语或状语的意思，就不能理解整个句子。但是这个包含了重要信息的定语或状语比较复杂，理解上有一定的难度。这时候我们需要先抽取句子的主干，然后再分析主语或宾语前面的复杂定语、谓语或句子前面的复杂状语，才能最终准确地理解整个句子的意思。

定语一般用来修饰或限制中心语（主语和宾语）。如果定语比较长，我们可以把定语再抽出来独立进行分析。如：

（1）胞吞作用是部分细胞膜包围环境中的大分子或颗粒物质，形成小泡，脱离细胞膜进入细胞内的物质转运过程。

这个句子的主干是"胞吐作用是物质转运过程"。在宾语"物质转运过程"和谓语"是"之间，是一个很长的定语。把这个定语抽出来，就是"部分细胞膜包围环境中的大分子或颗粒物质，形成小泡，脱离细胞膜进入细胞内"。我们可以看到，这个定语类似于一个有主语、谓语、宾语的句子，而且不是一个简单句子。

我们再按照以前介绍的抽取句子主干的方法，把它的句子主干抽取出来，就是"细胞膜包围大分子或颗粒物质，形成小泡，脱离细胞膜进入细胞内"。主语"细胞膜"后面带了四个动词谓语"包围、形成、脱离、进入"，四个动词又分别带了自己的宾语：包围什么？包围大分子或颗粒物质。形成什么？形成小泡。脱离什么？脱离细胞膜。进入哪里？进入细胞内。另外，主语"细胞膜"前面还有一个简单的定语"部分"，意思是说有一些细胞膜是这样，不是所有的细胞膜都这样。第一个宾语"大分子或颗粒物质"前面也有一个定语"环境中"，意思是说不是所有的大分子和颗粒物质,而是"环境中"的大分子或颗粒物质,也就是在它附近的大分子或颗粒物质。通过这样的分析,我们就很清楚地知道,这个定语正是说明"物质转运"的具体过程的。理解了这个定语的意思,也就理解了"胞吐作用"是一个怎样的"物质转运过程"。

(2) 细胞产生的激素、酶类、抗体、细胞外基质成分以及未被消化的物质等大分子物质就是以胞吐的方式排到细胞外的。

这个句子的句子主干是"大分子物质是……排到细胞外的"。在主语"大分子物质"前面有比较长的定语。我们把它抽取出来:"细胞产生的激素、酶类、抗体、细胞外基质成分以及未被消化的物质等"这个定语跟例(1)不同,不是一个有主语、谓语、宾语的词组,而是一个多层次的偏正词组。我们可以从最靠近中心语的地方开始往前分析层次。先把它的第一个层次抽出来:"激素、酶类、抗体、细胞外基质、未被消化的物质"。这是由五个并列的名词组成的词组,说明中心语"大分子物质"具体是哪些物质。再看第二个层次,这五个并列名词的最前面还有一个定语"细胞产生"(定语的标志"的"),说明这些物质都是细胞产生的。通过上面的分析,我们就明白是哪些大分子物质排到细胞外了。

状语一般放在谓语前或句首,用来说明谓语的时间、处所、方式、条件、对象、数量、范围、性质等。副词、形容词、表示时间和处所的名词、数量词、介词结构等词语经常做状语。如果状语比较长,我们同样可以像上面分析复杂定语的那样把状语抽出来分析。如:

(3) 细胞分泌活动旺盛时,核糖体以多聚体形式在膜上紧密排列。

这个句子的主干是"核糖体排列"。句子前面"……时"是状语,说明时间。主语和谓语之间的"以多聚体形式在膜上紧密"是复杂状语,由"以……形式""在……上"这两个介词短语和形容词"紧密"三个部分组成。"紧密"说明排列的疏密程度,"在膜上"说明排列的位置,"以多聚体形式"说明排列的方式。经过分析,我们对细胞分泌活动旺盛时核糖体的排列情况和特点就容易理解了。

第十二课 高尔基复合体

（一）听与读

高尔基复合体　中介细胞器　扁平囊泡　小囊泡　大囊泡　扁平囊堆
盘曲状管道　细胞核　内含物　新陈代谢　动态平衡　糖基化
顺面　形成面　反面　成熟面　浓缩泡　分泌泡　运输小泡　定向运输
膨出　凸出　凹入　收集　包装　赋予　分选

（二）抽取下面长句的主干

1. 高尔基复合体的主体是由3—10层平行排列在一起的扁平囊泡组成的扁平囊堆。

2. 一般认为小囊泡由粗面内质网芽生而来，载有在粗面内质网合成的蛋白质成分并运送到扁平囊中，故又称运输小泡。

3. 一般认为大囊泡是由扁平囊泡的两端和反面的膜局部膨出、脱离而成，并带有扁平囊泡所含有的分泌物质。

4. 由此可见，内质网、小囊泡、扁平囊泡、大囊泡和细胞膜之间的膜成分，不断地进行着新陈代谢，并保持着一种动态平衡。

5. 对粗面内质网合成的各种蛋白质以及其他的一些糖蛋白进行加工和修饰，并参与某些糖脂的糖基化，也是高尔基复合体的重要功能。

6. 由于细胞各部分结构有独特的蛋白质组分，因此，合成的蛋白质必须经过严格分选才能正确无误地送到相应的膜结构或细胞器以保证细胞活动的正常进行。

（三）找出下面句子的定语和状语并回答问题

1. 高尔基复合体的主体是由3—10层平行排列在一起的扁平囊泡组成的扁平囊堆。

    A. 高尔基复合体的主体叫什么？
    B. 扁平囊堆和扁平囊泡是什么关系？
    C. 扁平囊泡怎样排列？
    D. 一个扁平囊堆有多少层扁平囊泡？
    E. 高尔基复合体的主体由什么组成？

2. 一般认为小囊泡由粗面内质网芽生而来，载有在粗面内质网合成的蛋白质成分并运送到扁平囊中，故又称运输小泡。

    A. 小囊泡是怎么来的？
    B. 小囊泡有什么成分？
    C. 小囊泡的蛋白质成分是从哪里来的？
    D. 为什么小囊泡又称运输小泡？

3. 一般认为大囊泡是由扁平囊泡的两端和反面的膜局部膨出、脱离而成，并带有扁平囊泡所含有的分泌物质。

    A. 大囊泡是怎样形成的？
    B. 大囊泡有没有分泌物质？
    C. 大囊泡的分泌物质是从哪里来的？

4. 由此可见，内质网、小囊泡、扁平囊泡、大囊泡和细胞膜之间的膜成分，不断地进行着新陈代谢，并保持着一种动态平衡。

    A. 什么物质"进行着新陈代谢，并保持着平衡"？
    B. 哪些"膜成分"进行新陈代谢并保持平衡？
    C. 这些膜成分的新陈代谢是不是只在某段时间内进行？
    D. 这些膜成分保持的平衡是不是不会变化的？

5. 对粗面内质网合成的各种蛋白质以及其他的一些糖蛋白进行加工和修饰，并参与某些糖脂的糖基化，这是高尔基复合体的重要功能之一。

    A. 什么也是高尔基复合体的重要功能？
    B. 高尔基复合体加工和修饰什么？

C. 高尔基复合体加工和修饰的蛋白质是从哪里来的？

D. 高尔基复合体参与所有糖脂的糖基化吗？

（四）解释下面句子中画线的词语

1. 高尔基复合体是真核细胞中<u>固有</u>的中介细胞器。

   固有：

2. 扁平囊的中央部分较平，<u>为</u>中央板状区，<u>其</u>上有孔，可与相邻的扁平囊泡或周围的小泡、小管相通。

   为：　　　　　　　　其：

3. 整个高尔基复合体可由<u>若干</u>个扁平囊堆组成。

   若干：

4. 小囊泡为球形小泡，数量较多，散布<u>于</u>₁扁平囊泡周围，<u>多</u>见<u>于</u>₂顺面。

   于₁：　　　　　　　于₂：　　　　　　多：

5. 在分泌细胞中，当大囊泡要排出分泌物质时，<u>其</u>膜与细胞膜融合，<u>将</u>分泌物排出。

   其：　　　　　　　　将：

（五）根据课文内容填空

1. 高尔基复合体是由光滑膜组成的囊泡系统，包括_____、小囊泡和_____三种基本成分。

2. 扁平囊堆凸出的一面为_____或形成面，靠近_____或内质网；凹入的一面为反面或_____，朝向_____。

3. 小囊泡散布于_____周围，多见于_____；大囊泡多见于扁平囊扩大的末端或_____。

4. 一般认为大囊泡是由扁平囊泡的两端和反面的膜局部_____、脱离而成，并带有扁平囊泡所含有的_____。

5. 高尔基复合体的重要功能之一是为细胞提供一个_____的运输系统，用来完成蛋白质和_____的运输。

6. 高尔基复合体另一个重要的功能是对_____进行分类加工，赋予_____，然后进行_____。

（六）名词解释

1. 高尔基复合体——

2. 运输小泡——

（七）根据课文回答问题

1. 比较小囊泡和大囊泡的不同。

2. 高尔基复合体有哪些重要功能？

（八）课堂活动

互相说说高尔基复合体三种基本成分的特点。

（九）听力训练

1. 词语听写

2. 句子听写

（1）_____

（2）_____

（3）_____

3. 听后选择正确答案（可多选）

语段一：

（1）扁平囊堆组成的高尔基复合体可排列成哪些形状？

  A. 弓形   B. 半球形   C. 球形   D. 方形

（2）扁平囊堆凸出的一面叫什么？

  A. 反面   B. 形成面   C. 顺面   D. 成熟面

（3）扁平囊堆凹入的一面叫什么？

    A. 反面   B. 形成面   C. 顺面   D. 成熟面

语段二：

（4）高尔基复合体的主体是由什么组成的？

    A. 3—10层平行排列在一起的扁平囊泡

    B. 两条平行的单位膜

    C. 相邻的扁平囊泡

    D. 周围的小泡

（5）扁平囊泡有哪些特点？

    A. 中央部分较平   B. 中间较窄

    C. 周边较宽   D. 板状区上有孔

第十三课

线粒体

 一、生词

普通词语

1.	储存	chǔcún	动	大量聚积，保存起来，暂时不用：～能量
2.	供给	gōngjǐ	动	提供，给。provide：～血液
3.	场所	chǎngsuǒ	名	活动的地方：合成蛋白质的～
4.	包含	bāohán	动	里边含有。contain：～多种蛋白质
5.	动力站	dònglìzhàn	名	产生动力的地方：细胞的～
6.	敏感	mǐngǎn	形	对外界事物反应很快。sensitive：～的细胞器
7.	趋向	qūxiàng	动	朝某个方向发展。tend to：～稳定
8.	凹陷	āoxiàn	动	向内或向下陷进去：向内～
9.	均	jūn	副	都
10.	扩增	kuòzēng	动	比原来大或多：面积～
11.	充满	chōngmǎn	动	be filled；full of：～了……物质
12.	致密	zhìmì	形	紧密的：～的结构
13.	胶状	jiāo zhuàng		物质的状态像胶一样有粘性：～物质
14.	控制	kòngzhì	动	control：受到～
15.	与此同时	yǔ cǐ tóngshí		和这个事情发生的同时（又有另一件事发生了）。（详见注释1）

第十三课　线粒体

描述形状的词语

1. 线状　　xiàn zhuàng
2. 短杆状　duǎngǎn zhuàng
3. 环状　　huán zhuàng
4. 哑铃形　yǎlíng xíng
5. 分枝状　fēnzhī zhuàng
6. 星形　　xīng xíng
7. 多孔状　duōkǒng zhuàng
8. 粒状　　lì zhuàng

专业词语

1.	氧化	yǎnghuà	动	oxidate
2.	哺乳动物	bǔrǔ dòngwù	动	mammal
3.	红细胞	hóngxìbāo	名	人体血液中最多的一类细胞。red blovd cell
4.	酸碱度	suānjiǎndù	名	pH value
5.	酸性	suān xìng		acidity
6.	碱性	jiǎn xìng		alkaline
7.	低渗	dī shèn		溶液的渗透压较低。hypotonic
8.	膨胀	péngzhàng	动	物体的长度增加或体积增大：体积~
9.	高渗	gāo shèn		溶液的渗透压较高。hyperosmotic
10.	膜性囊	móxìngnáng	名	membranous sac
11.	外膜	wàimó	名	outer membrane
12.	内膜	nèimó	名	inner membrane
13.	腔隙	qiāngxì	名	lacuna

133

14. 膜间腔	mójiānqiāng	名	intermembrane space
15. （线粒体）外室	(xiànlìtǐ) wàishì	名	mitochondrial compartment
16. （线粒体）内室	(xiànlìtǐ) nèishì	名	vacuolated mitochondria
17. （线粒体）嵴	(xiànlìtǐ) jí	名	线粒体内膜向基质凸出折叠形成的结构。cristae
18. 嵴间腔	jíjiānqiāng	名	intercristal space
19. 线粒体基质	xiànlìtǐ jīzhì		mitochondrial matrix
20. 可溶性	kěróng xìng	名	物体能溶于水的性质。

二、课文

线粒体是细胞中能量**储存**和**供给场所**，把食物中所包含的能量，经过**氧化**磷酸化作用，转变为ATP高能磷酸键，不断供给细胞生命活动的需要。因此，线粒体是细胞的氧化中心和**动力站**。

线粒体是一个**敏感**而多变的细胞器，普遍存在于除**哺乳动物**成熟**红细胞**以外的所有真核细胞中。其形态多为**线状**、颗粒状或**短杆状**，它也因此得名。不同种类和不同生理状况下的细胞，线粒体的形状不同。有时可见到**环状**、**哑铃形**、**分枝状**、**星形**或**多孔状**线粒体。线粒体的形状与大小受**酸碱度**和细胞内**渗透压**的影响。在**酸性**环境下**趋向**囊状，**碱性**环境下呈**粒状**，**低渗**时**膨胀**成颗粒状，**高渗**环境下，线粒体伸长呈线状。

问题1：为什么说线粒体是细胞的氧化中心和动力站？

问题2：线粒体普遍存在于哪些细胞中？它因什么而得名？在任何情况下，细胞中的线粒体形状都一样吗？它的形状和大小受什么影响？

线粒体是由两层单位膜围成的**膜性囊**，**外膜**与**内膜**不相连。内、外膜之间封闭的腔隙，称为**膜间腔**或**外室**；由内膜直接包围的腔隙称**内室**，因其也是由内膜向内**凹陷**形成的**嵴**与嵴之间的腔隙，故又称为**嵴间腔**。内膜向基质凸出折叠形成许多嵴，每一个线粒体的嵴，**均**由两层单位膜构成，嵴使内膜表面积**扩增**。嵴的数目与线粒体的氧化活性有关。一般来说，需要能量多的细胞，线粒体的数目多，嵴的数目也多。线粒体内膜与嵴包围着的内部空间，**充满**着比较**致密**的**胶状**物质，称**线粒体基质**。其主要成分是**可溶性**蛋白质和脂类物质，还含有线粒体DNA（mtDNA）、RNA、核糖体等。由于内膜的选择通透作用，使基质与细胞质之间的物质交换受到**控制**。

线粒体的主要功能是改变能量的形式，即把氧化反应的能量转变成细胞可利用的形式——ATP中，以供细胞驱动各种生命活动的需要。在线粒体内，在O_2的参与下，分解糖、脂肪、蛋白质等各种大分子物质，产生CO_2和H_2O；**与此同时**，分解代谢所释放出的能量储存于ATP中，这一过程称为细胞呼吸。

问题3：线粒体的结构有什么特点？什么叫膜间腔和嵴间腔？线粒体的嵴是怎样形成的？它有什么特点？线粒体的数目与什么有关？什么叫线粒体基质？它的主要成分有哪些？

问题4：线粒体的主要功能是什么？什么叫细胞呼吸？

三、课文图例

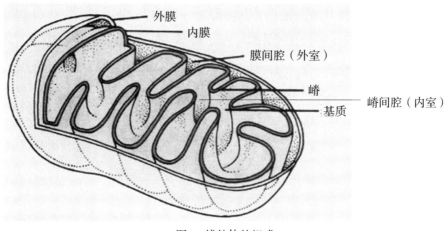

图1 线粒体的组成

四、注释

1. 与此同时

这是一个连词短语,表示在这个事情发生的同时(又有另一件事发生了)。

(1)细胞中的水,与蛋白质结合的称结合水;**与此同时**,有些水没有与蛋白质结合,呈游离状,称游离水。

(2)一个糖脂分子上只连接一条低聚糖链,**与此同时**,一个糖蛋白分子往往结合着多条糖链。

2. 阅读技能(四):

划分语块

医学教科书的长句较多,阅读这些长句难度很大。虽然这些句子中的每个词都学过了,也明白意思,但很难理解整个句子的意思。这时如果能按句子结构划出相关的语块,就能很快理解整句的意思。如:

线粒体是细胞中能量储存和供给场所,把食物中所包含的能量,经过氧化磷酸化作用,转变为ATP高能磷酸键,不断供给细胞生命活动的需要。

如果把这个句子划分成"线粒体/是/细胞中/能量储存和供给/场所,把食物中/所包含的能量,经过/氧化磷酸化作用,转变为/ATP高能磷酸键,不断供给/细胞生命活动的/需要",就能很快理解这个句子的意思。

五、练习

(一)听与读

氧化　磷酸化　ATP高能磷酸键　酸碱度　渗透压　酸性环境
碱性环境　低渗　高渗　膜性囊　外膜　内膜　膜间腔　外室　内室
嵴　嵴间腔　胶状物质　线粒体基质　可溶性　线状　颗粒状
短杆状　环状　哑铃形　分枝状　星形　多孔状　囊状　粒状

(二)根据句子结构和语义划出下面句子的语块

1. 线粒体是一个敏感而多变的细胞器,普遍存在于除哺乳动物成熟红细胞以外的所有真核细胞中。

2. 线粒体的形状与大小受酸碱度和细胞内渗透压的影响。

3. 内膜向基质凸出折叠形成许多嵴,每一个线粒体的嵴,均由两层单位膜构成,嵴使内膜表面积扩增。

4. 线粒体的主要功能是改变能量的形式,即把氧化反应的能量转变成细胞可利用的形式——ATP中,以供细胞驱动各种生命活动的需要。

5. 在线粒体内,在O_2的参与下,分解糖、脂肪、蛋白质等各种大分子物质,产生CO_2和H_2O;与此同时,分解代谢所释放出的能量储存于ATP中,这一过程称为细胞呼吸。

(三)根据下列词语的意思画出相应的形状

线状　　　　　　颗粒状　　　　　　短杆状

环状　　　　　　哑铃形　　　　　　分枝状

星形　　　　　　多孔状　　　　　　囊状

（四）解释下面句子中画线的词语

1. 线粒体是细胞中能量储存和<u>供给</u>场所。

    供给：

2. 线粒体是一个敏感而多变的细胞器，<u>其</u>形态多<u>为</u>线状、颗粒状或短杆状，它也因<u>此</u>得名。

    其：　　　　　　为：　　　　　　此：

3. 由内膜直接包围的腔隙称内室，因<u>其</u>也是由内膜向内凹陷形成的嵴与嵴之间的腔隙，<u>故</u>又称为嵴间腔。

    其：　　　　　　故：

4. 每一个线粒体的嵴，<u>均</u>由两层单位膜构成。

    均：

5. 线粒体的主要功能是改变能量的形式，<u>即</u>把氧化反应的能量转变成细胞可利用的形式——ATP中，<u>以供</u>细胞驱动各种生命活动的需要。

    即：　　　　　以：　　　　　供：

（五）根据课文内容填空

1. 线粒体是细胞中能量_____和_____场所。

2. 线粒体的形态多为_____、_____或短杆状。

3. 线粒体的形状与大小受_____和细胞内_____的影响。

4. 线粒体在酸性环境下趋向_____，碱性环境下呈_____，_____时膨胀成颗粒状，高渗环境下，线粒体伸长呈_____。

5. 线粒体内、外膜之间的腔隙称为_____或外室；由内膜直接包围的腔隙称内室或_____。

6. 线粒体内膜与嵴包围着的内部空间充满着比较_____的胶状物质称_____。

（六）根据课文内容填图

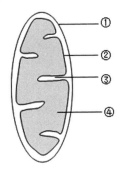

（七）根据课文内容列表概括线粒体的结构、形状、数目和功能等特点

（八）课堂活动

1. 互相说说线粒体的形状。

2. 互相说说线粒体的结构特点。

（九）听力训练

1. 词语听写

2. 句子听写

（1）_____

（2）_____

（3）_____

3. 听后判断正误

（ ）（1）线粒体普遍存在于所有真核细胞中。

（ ）（2）线粒体的形态多为线状、颗粒状或短杆状。

（ ）（3）任何情况下细胞中线粒体的形状都一样。

（ ）（4）线粒体在酸性环境下呈粒状，碱性环境下呈囊状。

（ ）（5）线粒体在低渗时膨胀成颗粒状，高渗时伸长呈线状。

第十四课

细胞核

 一、生词

普通词语

1.	繁殖	fánzhí	动	生物产生新的个体：～后代
2.	指挥	zhǐhuī	动	命令安排……做某事。command：～中心
3.	区别	qūbié	名	不同：有～
4.	方形	fāng xíng		□
5.	椭圆形	tuǒyuán xíng		○
6.	梭形	suō xíng		◇
7.	卵圆形	luǎnyuán xíng		○
8.	扁圆形	biǎnyuán xíng		○
9.	不规则形	bù guīzé xíng		♡
10.	异常	yìcháng	形	不正常：～情况
11.	上	shàng	动	达到一定的数量：～百个。（详见注释1）
12.	达	dá	动	到：多～数千个。（详见注释2）
13.	外周	wàizhōu	名	外边的周围：细胞核的～
14.	面向	miànxiàng	动	朝向：～细胞质
15.	附有	fùyǒu	动	附着有：～核糖体颗粒
16.	染料	rǎnliào	名	用来染色的东西：碱性～
17.	着色	zhuó sè		染上颜色：用染料～

18. 蕴藏	yùncáng	动	藏在里面：~在细胞核中
19. 包裹	bāoguǒ	动	包着：被细胞膜~
20. 海绵状	hǎimián zhuàng		spongy
22. 体系	tǐxì	名	system：知识~

专业词语

1. 白细胞	báixìbāo	名	white cell
2. 分叶现象	fēnyè xiànxiàng		lobulated phenomenon
3. 肿瘤细胞	zhǒngliú xìbāo		tumour cell
4. 异型核	yìxínghé	名	allotypic nuclear
5. 肾小管	shènxiǎoguǎn	名	kidney tubules
6. 肌细胞	jīxìbāo	名	muscle cell
7. 破骨细胞	pògǔ xìbāo		osteoclast
8. 核膜	hémó	名	nuclear membrane
9. 染色质	rǎnsèzhì	名	chromatin
10. 核仁	hérén	名	nucleolus
11. 核基质	héjīzhì	名	nuclear matrix
12. 核被膜	hébèimó	名	nuclear envelope
13. 外核膜	wàihémó	名	outer nuclear membrane
14. 内核膜	nèihémó	名	inner nuclear membrane
15. 核质	hézhì	名	nucleoplasm
16. 核纤层	héxiāncéng	名	nuclear lamina
17. 核骨架	hégǔjià	名	nuclear skeleton
18. 中间纤维	zhōngjiān xiānwéi		intermediate filament
19. 细胞质骨架	xìbāozhì gǔjià		cytoplasmic skeleton

20. 核周间隙	hézhōu jiànxì		perinuclear space
21. 核孔	hékǒng	名	nuclear pore
22. 电子密度	diànzǐ mìdù		electron density

二、课文

人体细胞除高度分化的红细胞外，均具有细胞核。细胞核是细胞中体积最大、最重要的细胞器，是细胞内遗传物质贮存、复制及转录的主要场所，也是细胞各种功能如生长、**繁殖**、分化的**指挥**控制中心。

问题1：人体细胞都有细胞核吗？细胞核有什么特点和功能？

细胞核的形状因细胞的种类不同而有**区别**。球形、**方形**的细胞，核的形态多呈**椭圆形**；**梭形**的细胞，其核为杆状；扁平的细胞，其核为**卵圆形**或**扁圆形**。少数细胞的核为**不规则**形，如**白细胞**，细胞核有**分叶现象**。一些**异常**的细胞如**肿瘤细胞**的核也不规则，称**异型核**。

问题2：细胞核的形状与什么有关？

细胞核的数目也与细胞的种类有关。一般的真核细胞中，只有一个细胞核，但肝细胞、**肾小管**上皮细胞中可见双核，**肌细胞**中有上百个核，**破骨细胞**则是目前发现含核最多的细胞，核的数量可达几百个。

问题3：各种真核细胞的细胞核数目都一样吗？

细胞核基本由四部分构成，即**核膜**、**染色质**、**核仁**及**核基质**。

核膜又称**核被膜**，围绕在核**外周**，由内外两层单位膜构成。**外核膜面向**细胞质，在其表面**附有**大量核糖体颗粒，常见其与粗面内质网

问题4：核膜由什么构成？外核膜和内核膜各有什么

相连接。**内核膜**面向**核质**，表面没有核糖体颗粒，其内侧面附有**核纤层**。核纤层紧贴内核膜内层，与**核骨架**和染色质相连，在细胞核外与**中间纤维**连接，使细胞核骨架与**细胞质骨架**相连。外核膜和内核膜之间的腔隙称**核周间隙**。粗面内质网的腔隙常与核周间隙相通。因此，核周间隙是细胞质和细胞核之间物质交流的重要通道。真核细胞的核膜上分布着许多由内外两层核膜融合形成的**核孔**。

染色质因易被碱性**染料着色**而得名，它在细胞核内呈不规则的网状，是**蕴藏**在细胞核中的遗传物质。

核仁是真核细胞才具有的结构，位于核的中央位置，无膜**包裹**，为**电子密度**较高的球形**海绵状**结构。

核基质是指细胞核中除去核膜、染色质、核仁以外，由纤维状和颗粒状的蛋白质等构成的网架**体系**，即核骨架。

特点？核纤层的位置在哪儿？它连接哪些物质？什么是核周间隙？它有什么功能？核膜在哪儿？由什么形成？

问题5：染色质有什么特点？

问题6：核仁有什么特点？

问题7：核基质有什么特点？

三、课文图例

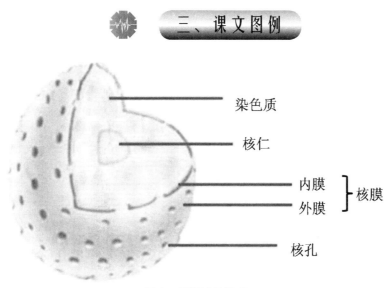

图1　细胞核的组成

四、注释

1. 上

动词。达到一定的程度或数量。如：上了年纪、上百个。

（1）肌细胞中有上百个细胞核。

（2）上了年纪的人容易缺钙。

2. 达

动词。达到。后面加数词，一般表示数目多，"达"前有时候用"多"，强调数目多。如：

（1）破骨细胞的细胞核数量可达几百个。

（2）一个真核细胞中的蛋白质多达上千种。

3. 阅读技能（五）

概括段落的主要内容

在医学专业教材中，每段的主题句一般是首句，而该段的主要内容就包含在主题句中。如本课第2段：

细胞核的形状因细胞的种类不同而有区别。球形、方形的细胞，核的形态多呈椭圆形；梭形的细胞，其核为杆状；扁平的细胞，其核为卵圆形或扁圆形。少数细胞的核为不规则形，如白细胞，细胞核有分叶现象。一些异常的细胞如肿瘤细胞的核也不规则，称异型核。

该段的主题句就是首句"细胞核的形状因细胞的种类不同而有区别"。而该段的主要内容就是讲"细胞核的形状"。阅读专业教科书时，如果能概括出每段的主要内容，则既能提高阅读专业教材的速度，又能提高对专业内容理解的准确度。

（一）听与读

球形　方形　椭圆形　梭形　杆状　扁平　卵圆形　扁圆形
不规则　海绵状　分叶现象　肿瘤细胞　异型核　双核　肌细胞
破骨细胞　网架体系　核膜　染色质　核仁　核基质　核被膜
外核膜　内核膜　核质　核纤层　核骨架　中间纤维　细胞质骨架
核周间隙　核孔　电子密度

（二）解释下面句子中画线的词语

1. 人体细胞除高度分化的红细胞外，<u>均</u>具有细胞核。

   均：

2. 细胞核的形状因细胞的种类不同而有<u>区别</u>。

   区别：

3. <u>一些</u>细胞如肿瘤细胞的核也不规则，称异型核。

   异常：

4. 肌细胞中有<u>上</u>百个核，破骨细胞核的数量可<u>达</u>几百个。

   上：　　　　　　　　　达：

5. 外核膜面向细胞质，在<u>其</u>₁表面附有大量核糖体颗粒，常见<u>其</u>₂与粗面内质网相连接。

   其₁：　　　　　　　　其₂：

6. 内核膜面向核质，表面没有核糖体颗粒，<u>其</u>内侧面附有核纤层。

   其：

（三）画出下列词语表示的图形

球形　　　方形　　　椭圆形　　　梭形　　杆状

卵圆形　　扁圆形　　　不规则　　　网架

（四）把下列细胞的核与对应的形状连线

球形细胞

方形细胞　　　　不规则形

梭形细胞　　　　椭圆形

扁平细胞　　　　异型核

白细胞　　　　　杆状

肿瘤细胞　　　　卵圆形或扁圆形

（五）根据课文内容填空

1. 白细胞的细胞核有_____。

2. 肿瘤细胞的核是不规则形，称_____。

3. 细胞核基本由核膜、_____、核仁及_____四部分构成。

4. 核膜又称_____，围绕在核_____，由内外两层单位膜构成。

5. 外核膜面向_____，在其表面附有大量_____颗粒，内核膜面向_____，表面_____核糖体颗粒，其内侧面附有_____。

6. 核纤层与_____和染色质相连，在细胞核外与_____连接，使细胞核骨架与_____相连。

7. 外核膜和内核膜之间的腔隙称_____。

8. 真核细胞的核膜上分布着许多由内外两层核膜融合形成的_____。

（六）根据细胞核的结构填图

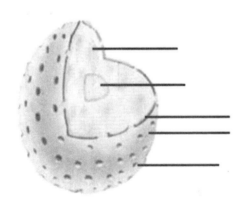

（七）概括课文各段的主要内容

（八）根据课文回答问题

1. 举例说明细胞核的形状和数目与细胞种类的关系。

2. 比较内核膜与外核膜的区别。

（九）课堂活动

1. 互相说说不同的细胞种类对应的细胞核形状。

2. 互相说说不同的细胞种类对应的细胞核数目。

3. 互相说说细胞核内外两层膜的特点。

（十）听力训练

1. 词语听写

2. 句子听写
　　（1）_____
　　（2）_____
　　（3）_____

3. 听后连线

（1）方形细胞　　　　　不规则形

　　梭形细胞　　　　　椭圆形

　　扁平细胞　　　　　异型核

　　白细胞　　　　　　杆状

　　肿瘤细胞　　　　　卵圆形或扁圆形

　　球形细胞

（2）真核细胞　　　　　上百个细胞核

　　肝细胞　　　　　　几百个细胞核

　　肌细胞　　　　　　两个核

　　破骨细胞　　　　　一个细胞核

第十五课

染色质和染色体

一、生词

普通词语

1.	加倍	jiā bèi		增加一倍：染色质复制~
2.	组装	zǔzhuāng	动	把分散的东西组合起来：~成新的结构
3.	棒状	bàng zhuàng		跟"棒"相似的形状。"棒"是形状与"竿"相似的东西。
4.	螺旋化	luóxuánhuà		使……变成螺旋的形状
5.	块状	kuài zhuàng		
6.	凝集	níngjí	动	聚集：处于~状态
7.	阶段	jiēduàn	名	事物发展过程中根据一定的特点划分的时间段。stage：特定~
8.	分散度	fēnsàndù		分散的程度：~大
9.	疏松	shūsōng	形	松散，不紧密：结构~

专业词语

1.	细胞周期	xìbāo zhōuqī		cell cycle
2.	染色体	rǎnsètǐ	名	chromosome
3.	间期	jiānqī	名	interval
4.	DNA-蛋白质纤维	DNA-dànbáizhì xiānwéi		DNA- protein fiber

5.	有丝分裂期	yǒusī fēnlièqī		mitotic-period
6.	异染色质	yì rǎnsèzhì		heterochromatin
7.	常染色质	cháng rǎnsèzhì		euchromatin
8.	浓缩染色质	nóngsuō rǎnsèzhì		condensed chromatin
9.	组蛋白	zǔdànbái	名	histone
10.	结构异染色质	jiégòu yì rǎnsèzhì		constitutive heterochromatin
11.	兼性异染色质	jiānxìng yì rǎnsèzhì		facultative heterochromatin
12.	DNA 序列	DNA xùliè	名	DNA sequence
13.	发育	fāyù	动	机体向成熟变化：~过程
14.	染色体端粒	rǎnsètǐ duānlì		chromosome telomere
15.	着丝粒	zhuósīlì	名	centromere
16.	基因表达	jīyīn biǎodá		gene expression
17.	功能异染色质	gōngnéng yì rǎnsèzhì		functional heterochromatin
18.	光镜	guāngjìng	名	light microscope
19.	伸展染色质	shēnzhǎn rǎnsèzhì		extended chromatin
	伸展	shēnzhǎn	动	伸开，展开：~开来

二、课文

在细胞核内，有易被碱性染料着色的、呈不规则网状的物质，称为**染色质**，它是蕴藏在细胞核中的遗传物质。在**细胞周期**运转过程中，核内的染色质复制**加倍**，**组装**成**棒状**或点状结构，叫**染色体**。染色质和染色体在化学组成上并没有什么大的区别，但在构象和形态上都有差异。染色质是**间期**细胞核内伸展开来的**DNA-蛋白质纤维**，而染色体则是经过高度**螺旋化**和折叠的DNA-蛋白质纤维在细胞**有丝分裂期**表现的形态。染色质实际上主要是一条条长而弯曲的细丝，每一条细丝是一个DNA分子和**相应**的蛋白质。

间期细胞核中的染色质根据其形状和功能状态的不同分为**异染色质**和**常染色质**。

异染色质又称**浓缩染色质**，一般位于核的边缘或围绕在核仁的周围，或呈小**块状**存在于核中央，细丝高度螺旋、盘曲，结构比较紧密，对碱性染料着色较深，是处于**凝集**状态的DNA和**组蛋白**的复合物。它一般无转录活性，不能合成mRNA。

异染色质根据其功能状况还可分为**结构异染色质**和**兼性异染色质**两种类型。

结构异染色质染色很深，含有高度重复的**DNA序列**，在所有的细胞类型和机体全部**发育**过程中都处于凝集状态，没有转录活性，在分裂期细胞常构成**染色体端粒**、**着丝粒**。结构异

问题1：什么是染色质？什么是染色体？两者有哪些差异？

问题2：异染色质为什么又叫浓缩染色质？它有什么特点？

问题3：结构异染色质有什么特点？它可能与什么有关？

染色质可能与细胞分裂、控制结构蛋白质的**基因表达**有关。

功能异染色质也称为兼性异染色质，是在特定细胞中或在一定发育**阶段**，由常染色质转变而成的异染色质。由于这种异染色质可向常染色质转变，恢复转录活性，故称为兼性异染色质。

除异染色质外，染色质细丝的某些段落无明显螺旋和盘曲，呈相对伸展状态，虽然经过染色，仍然在**光镜**下看不到，这些称之为常染色质或**伸展染色质**。常染色质一般位于细胞核的中央，伸展充分，**分散度**大，结构较**疏松**，对碱性染料着色浅。常染色质是有转录活性的染色质，其中的DNA可转录合成RNA。

问题4：什么叫功能异染色质？为什么它又叫兼性异染色质？

问题5：什么叫常染色质？它有什么特点？

三、课文图例

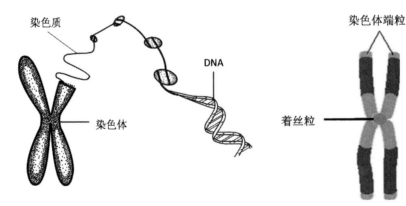

图1 染色质和染色体　　图2 染色体端粒和着丝粒

1. -度

"度"可以在形容词后做后缀,表示程度。如:知名度、透明度、发达度、分散度、疏松度等。

2. 写作技能(一)

如何做比较题

在专业医学课程的学习中,常会遇到一些比较异同或差异的论述题。完成这类题目时,应该注意以下几点:

首先,要结合课文内容全面了解需要比较对象的各个方面。如:比较对象的概念、位置、形状、结构、功能、特点等。

接着,若需比较异同,就依次找出比较对象在各个方面的共同点,逐个进行总结;再依次找出比较对象在各个方面的不同点,逐个进行比较。若只需比较差异,则依次找出比较对象在各个方面的不同点,逐个进行比较。

做这类题切忌写完一个比较对象的所有方面,再写另一个比较对象的所有方面。

完成这类题可用文字表述,也可用表格进行比较。例:

第十五课《染色质和染色体》:比较异染色质和常染色质的差异。

首先,找出课文中涉及比较对象的相关内容:

间期细胞核中的染色质根据其形状和功能状态的不同分为异染色质和常染色质。异染色质又称浓缩染色质,一般位于核的边缘或围绕在核仁的周围,或呈小块状存在于核中央,细丝高度螺旋、盘曲,结构比较紧密,对碱性染料着色较深,是处于凝集状态的DNA和组蛋白的复合物。它一般无转录活性,不能合成mRNA。除异染色质外,染色质细丝的某些段落无明显螺旋和盘曲,呈相对伸展状态,虽然经过染色,仍然在光镜下看不到,这些称之为常染色质或伸展染色质。常染色质一般位于细胞核的中央,伸展充分,分散度大,结构较疏松,对碱性染料着色浅。常染色质是有转录活性的染色质,其中的DNA可转录合成RNA。

接着要结合课文内容，全面了解异染色质和常染色质这两个专业术语涉及的各个方面。通过前面所学的阅读技能找出关键信息，如形状、位置、结构、特点（着色情况、转录活性）等（见上文画线词语）。

然后，依次从这几个方面进行比较。列表比较如下：

比较项	异染色质	常染色质
形状	小块状，细丝高度螺旋、盘曲	无明显螺旋和盘曲，呈相对伸展状态
位置	核的边缘或围绕在核仁的周围或核中央	细胞核的中央
结构	比较紧密	比较疏松
着色情况	对碱性染料着色较深	对碱性染料着色较浅
转录活性	无转录活性，不能合成mRNA	有转录活性，可合成RNA

文字表述如下：

异染色质和常染色质的不同主要有以下5个方面：

1. 形状：异染色质呈小块状，细丝高度螺旋、盘曲；常染色质无明显螺旋和盘曲，呈相对伸展状态。

2. 位置：异染色质位于核的边缘或围绕在核仁的周围或核中央；常染色质一般位于细胞核的中央。

3. 结构：异染色质比较紧密；常染色质比较疏松。

4. 着色情况：异染色质对碱性染料着色较深；常染色质对碱性染料着色浅。

5. 转录活性：异染色质一般无转录活性，不能合成mRNA；常染色质有转录活性，其中的DNA可转录合成RNA。

（一）听与读

细胞周期　染色体　构象　间期　DNA-蛋白质纤维　螺旋化
有丝分裂期　异染色质　常染色质　浓缩染色质　组蛋白
结构异染色质　兼性异染色质　DNA序列　发育　分裂期
染色体端粒　着丝粒　细胞分裂　基因表达　功能异染色质
光镜　常染色质　伸展染色质

（二）根据句子结构和语义画出下面句子的语块

1. 染色质是间期细胞核内伸展开来的DNA-蛋白质纤维，而染色体则是经过高度螺旋化和折叠的DNA-蛋白质纤维在细胞有丝分裂期表现的形态。

2. 染色质实际上主要是一条条长而弯曲的细丝，每一条细丝是一个DNA分子和相应的蛋白质。

3. 异染色质一般位于核的边缘或围绕在核仁的周围，或呈小块状存在于核中央。

4. 结构异染色质在所有的细胞类型和机体全部发育过程中都处于凝集状态。

5. 结构异染色质可能与细胞分裂、控制结构蛋白质的基因表达有关。

6. 功能异染色质是在特定细胞中或在一定发育阶段，由常染色质转变而成的异染色质。

（三）用线连接下列意思相同的名称

异染色质　　　　　伸展染色质
功能异染色质　　　浓缩染色质
常染色质　　　　　兼性异染色质

（四）根据课文内容填空

1. 染色质和染色体在_____和形态上都有差异。

2. 染色质是_____细胞核内伸展开来的DNA-蛋白质纤维。

3. 染色体是经过高度_____和折叠的DNA-蛋白质纤维在细胞_____表现的形态。

4. 间期细胞核中的染色质根据其形状和_____的不同分为异染色质_____和_____。

5. 异染色质根据其功能状况还可分为_____和兼性异染色质两种类型。

6. 结构异染色质在分裂期细胞常构成染色体端粒和_____。

7. 常染色质一般位于细胞核的中央，伸展充分，_____大，结构较_____。

（五）根据课文内容判断正误

（　）1. 染色质是蕴藏在细胞核中易被碱性染料着色、呈不规则的网状的遗传物质。

（　）2. 染色体是间期细胞核内伸展开来的DNA-蛋白质纤维。

（　）3. 染色体是经过高度螺旋化和折叠的DNA-蛋白质纤维在细胞有丝分裂期表现的形态。

（　）4. 间期细胞核中的染色质根据其形状和功能状态的不同分为结构异染色质和兼性异染色质。

（　）5. 常染色质对碱性染料着色较浅，异染色质则对碱性染料着色较深。

（　）6. 结构异染色质没有转录活性，常染色质则有转录活性。

（　）7. 功能异染色质可向常染色质转变，恢复转录活性。

（　）8. 异染色质细丝的某些段落无明显螺旋和盘曲，呈相对紧密状态。

（六）名词解释

1. 异染色质——

2. 常染色质——

（七）根据课文内容比较异同

1. 染色质和染色体

2. 结构异染色质和兼性异染色质

（八）课堂活动

1. 互相说说染色质和染色体的特点。
2. 互相说说异染色质和常染色质的特点。

（九）听力训练

1. 词语听写

2. 句子听写

（1）_____

（2）_____

（3）_____

3. 听后选择正确答案

语段一：

（1）下面哪些是异染色质的分布位置？

    A. 核中央 B. 核的边缘 C. 核仁的周围 D. 组蛋白周围

（2）下面哪些是异染色质的特点？

    A. 对碱性染料着色较深 B. 结构较疏松

    C. 结构较紧密   D. 细丝高度螺旋、盘曲

语段二：

（3）下面哪些是常染色质的特点？

    A. 伸展充分   B. 分散度大   C. 碱性染料着色浅

    D. 结构较疏松 E. 有转录活性

细胞增殖周期

 一、生词

普通词语

1. 周期性	zhōuqīxìng		事物按同样的顺序重复出现的性质。periodicity：～过程
2. 急剧	jíjù	形	迅速而剧烈：～变化
3. 交替	jiāotì	动	轮流替换：工作和休息～进行
4. 间歇	jiànxiē	名	两段时间之间的间隔：～时期
5. 积累	jīlěi	动	逐渐聚集起来：～知识
6. 一环	yì huán		一个环节或步骤：重要的～
7. 精确	jīngquè	形	非常准确：～地传递
8. 性状	xìngzhuàng	名	性质和状态：遗传～
9. 阻断	zǔduàn	动	事物的发展因某些因素而停止：～DNA合成
10. 去除	qùchú	动	去掉，除掉：～皱纹
11. 加速	jiā sù	动	加快速度：～合成

专业词语

1. 有丝分裂	yǒusī fēnliè		mitosis
2. 增殖	zēngzhí	动	增加，繁殖
3. 增殖周期	zēngzhí zhōuqī		proliferating cycle

第十六课　细胞增殖周期

4. 增生	zēngshēng	动	生物体某一部分组织的细胞数目增加，体积扩大：细胞器的~
5. 核分裂	héfēnliè		nuclear division
6. 胞质分裂	bāozhì fēnliè		cytokinesis
7. 子细胞	zǐxìbāo	名	daughter cells
8. DNA 合成前期	DNA héchéng qiánqī		DNA presynthesis stage
9. 解螺旋	jiěluóxuán		解开螺旋
10. 阈值	yùzhí	名	threshold value
11. DNA 合成期	DNA héchéngqī		DNA synthesis stage
12. 抑制因子	yìzhì yīnzǐ		inhibitory factor
因子	yīnzǐ	名	factor
13. DNA 合成后期	DNA héchéng hòuqī		DNA late synthesis stage
14. 复制因子	fùzhì yīnzǐ		replication factor
15. 失活	shī huó		失去活性
16. 调节因子	tiáojié yīnzǐ		regulatory factor
17. M 期促进因子	M qī cùjìn yīnzǐ		M-phase promoting factor
18. 生化	shēnghuà		biochemistry

二、课文

有丝分裂是真核细胞主要的**增殖**方式。细胞**增殖周期**简称细胞周期，是指细胞从前一次有丝分裂结束开始，经生长、成熟和分裂后成为两个细胞的**周期性**过程。

问题1：真核细胞主要的增殖方式是什么？什么叫细胞增殖周期？

整个细胞周期可划分为四个时期：G_1期、S期、G_2期、M期。其中前三期又称为间期，主要合成各种细胞内物质、复制DNA、**增生**各种细胞器，为细胞分裂作准备。M期即有丝分裂期，主要是核的**急剧**变化，经过**核分裂**和**胞质分裂**形成两个**子细胞**。所以细胞增殖是间期与分裂期**交替**进行的过程。

G_1期是指有丝分裂完成后S期开始之间的**间歇**时期，又称为DNA合成前期。刚进入G_1期的细胞，染色质凝集程度高，RNA含量低，不能进入S期，这一状态即为G_1A态。G_1A态细胞经过一定的生长过程，染色质**解螺旋**，合成并**积累**了一定的RNA和蛋白质（酶类），使RNA含量达到一定**阈值**，细胞便进入G_1B态。达到G_1B态的细胞才能进入S期。

S期是细胞周期中最重要的**一环**，其最主要的特点是进行DNA复制，此期也称为DNA**合成期**。DNA复制是细胞增殖的基础，通过DNA复制，**精确**地将遗传信息传递给子细胞，保证遗传**性状**的稳定性。如果用药物**阻断**DNA合成，细胞就不会进行分裂，直到**去除抑制因子**、完成复制才能恢复增殖活性。在S期末，DNA的含量增加一倍，为细胞分裂作好准备。在S期，RNA的含量也增加一倍。

G_2期是介于S期结束与M期开始之间的间歇时期，也称为DNA合成后期。这一时期主要为有丝分裂进行物质和能量的准备。此时**复制因子失活**，RNA和有丝分裂相关的蛋白质**加速合成**。G_2期还合成一种重要的**调节因子**——M期促进因子，它使细胞从间期进入有丝分裂期。

问题2：什么叫间期？什么叫M期？细胞增殖是一个怎样的过程？

问题3：G_1A态的细胞能进入S期吗？G_1B态的细胞能进入S期吗？G_1A态细胞怎样才能进入G_1B态？

问题4：为什么把S期叫做DNA合成期？DNA复制有什么作用？在S期，DNA和RNA的含量各有什么变化？

问题5：什么叫G_2期？它有什么特点？

M期是从G_2期结束到形成两个子细胞这段时期。M期在细胞周期中所占的时间最短，但细胞形态结构变化最大。M期的**生化**特点是RNA合成停止，蛋白质合成减少以及染色体高度螺旋化。

问题6：什么叫M期？它有什么特点？

三、课文图例

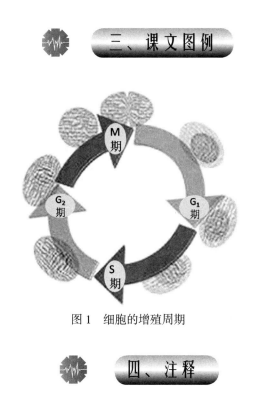

图1　细胞的增殖周期

四、注释

写作技能（二）

如何做名词解释

医学专业教科书中常出现大量的专业术语，专业课程常要求学生对这些术语进行名词解释。教科书对一个专业术语的解释，有时候集中出现在一个地方，进行名词解释时很容易找到；有时候分散出现在不同的地方，进行名词解释时需要归纳总结。做名词解释时，一般要说明该术语的定义、别称、分类、分期、形状、结构、功能、特点等方面。若说明该术语的结构、功能、特点等方面的内容很多，则在名词解释中可省略这些内容。这些内容一般可用来做论述题。

如给本课的"G_1期"做名词解释，就可直接用本课的第3段来回答：

G_1期是指有丝分裂完成后S期开始之间的间歇时期,又称为DNA合成前期。刚进入G_1期的细胞,染色质凝集程度高,RNA含量低,不能进入S期,这一状态即为G_1A态。G_1A态细胞经过一定的生长过程,染色质解螺旋,合成并积累了一定的RNA和蛋白质(酶类),使RNA含量达到一定阈值,细胞便进入G_1B态。达到G_1B态的细胞才能进入S期。

上述名词解释中,"G_1期是指有丝分裂完成后S期开始之间的间歇时期,又称为DNA合成前期"是G_1期的定义;"G_1A态"和"G_1B态"是其分类;"刚进入G_1期的细胞,染色质凝集程度高,RNA含量低,不能进入S期"和"G_1A态细胞经过一定的生长过程,染色质解螺旋,合成并积累了一定的RNA和蛋白质(酶类),使RNA含量达到一定阈值,细胞便进入G_1B态"是其特点。

再如,若要求解释术语"细胞增殖周期",则需要根据本课的第1段和第2段的内容进行归纳总结来回答:

细胞增殖周期简称细胞周期,是指细胞从前一次有丝分裂结束开始,经生长、成熟和分裂后成为两个细胞的周期性过程。整个细胞周期可划分为四个时期:G_1期、S期、G_2期、M期。其中前三期又称为间期,M期又称为有丝分裂期。

上述名词解释中,"细胞增殖周期简称细胞周期,是指细胞从前一次有丝分裂结束开始,经生长、成熟和分裂后成为两个细胞的周期性过程"是其定义;"整个细胞周期可划分为四个时期:G_1期、S期、G_2期、M期"是其分期;"其中前三期又称为间期,M期又称为有丝分裂期"是其分类。其特点内容较多,所以名词解释中一般省略。

五、练习

(一)听与读

有丝分裂　增殖　增殖周期　周期性　增生　核分裂　胞质分裂
子细胞　间歇时期　DNA合成前期　解螺旋　阈值　DNA合成期
抑制因子　DNA合成后期　复制因子失活　调节因子　M期促进因子

（二）根据句子结构和语义划出下面句子的语块

1. 细胞增殖周期简称细胞周期，是指细胞从前一次有丝分裂结束开始，经生长、成熟和分裂后成为两个细胞的周期性过程。
2. G_1期是指有丝分裂完成后S期开始之间的间歇时期，又称为DNA合成前期。
3. G_1A态细胞经过一定的生长过程，染色质解螺旋，合成并积累了一定的RNA和蛋白质（酶类），使RNA含量达到一定阈值，细胞便进入G_1B态。
4. DNA复制是细胞增殖的基础，通过DNA复制，精确地将遗传信息传递给子细胞，保证遗传性状的稳定性。
5. 如果用药物阻断DNA合成，细胞就不会进行分裂，直到去除抑制因子、完成复制才能恢复增殖活性。

（三）根据课文内容填空

1. _____是真核细胞主要的增殖方式。细胞_____简称细胞周期。
2. M期主要是核的急剧变化，经过_____和_____形成两个子细胞。
3. G_1期是指有丝分裂完成后S期开始之间的_____。
4. G_1A态细胞的RNA含量达到一定_____，细胞便进入G_1B态。
5. 如果用药物阻断DNA合成，细胞就不会进行_____，直到去除_____、完成复制才能恢复_____。
6. G_2期_____失活，RNA和有丝分裂相关的蛋白质加速_____。

（四）根据课文内容选择正确答案

1. 在_____，染色质凝集程度高，RNA含量低。

    A. G_1期　　　　B. S期　　　　C. G_2期　　　　D. M期

2. DNA的合成在_____。

    A. G_1期　　　　B. S期　　　　C. G_2期　　　　D. M期

3. 细胞核的急剧变化在_____。

    A. G_1期　　　　B. S期　　　　C. G_2期　　　　D. M期

4. RNA的含量在_____增加一倍。

  A. G_1期   B. S期   C. G_2期   D. M期

5. M期促进因子在_____合成。

  A. G_1期   B. S期   C. G_2期   D. M期

6. 细胞周期中占时间最短的是_____。

  A. G_1期   B. S期   C. G_2期   D. M期

（五）根据课文内容填表

	名称	另一个名称
细胞周期	G_1期	
	S期	
	G_2期	
	M期	

（六）名词解释

  1. G_2期——

  2. M期——

（七）根据课文回答问题

  1. 什么叫G_1期？它有什么特点？

  2. G_1期和S期RNA的含量有什么不同？

（八）课堂活动

  互相说说细胞周期四个时期的特点。

（九）听力训练

  1. 词语听写

2. 句子听写

（1）_____

（2）_____

（3）_____

3. 听后判断正误

语段一：

（　）（1）S期、G_2期、M期又称为间期。

（　）（2）M期经过核分裂和胞质分裂形成两个子细胞。

（　）（3）细胞增殖是间期与分裂期同时进行的过程。

语段二：

（　）（4）G_2期是介于S期结束与M期开始之间的间歇时期，也称为DNA合成期。

（　）（5）G_2期复制因子失活，RNA和有丝分裂相关的蛋白质加速合成。

（　）（6）M期还合成一种重要的调节因子——M期促进因子。

第十七课

细胞分化

 一、生词

普通词语

1. 分工	fēn gōng		在一个整体中分别做各不相同的工作：功能上的～
2. 渐变	jiànbiàn	动	逐渐变化：一个～过程
3. 预定	yùdìng	动	事前规定、决定或约定：～的器官。（详见注释1）
4. 幼稚	yòuzhì	形	没成熟的：～的胚胎
5. 间隔	jiàngé	名	指两个类似的事物之间的空间或时间的距离：一段时间～
6. 早期	zǎoqī	名	某个时代或过程的最初阶段：胚胎发育～
7. 晚期	wǎnqī	名	最后的时期：胚胎发育～
8. 相对	xiāngduì	形	比较来说：～增大
9. 专门	zhuānmén	形	专一的（事情、学问、功能等）：～学问
10. 适应	shìyìng	动	适合于：～环境
11. 原有	yuán yǒu		原来有的：～的形状
12. 建成	jiànchéng	动	形成：～体系
13. 限度	xiàndù	名	一定的范围或数量。limitation：最大～
14. 行使	xíngshǐ	动	使用：～功能
15. 最佳	zuì jiā		最好：～状态

16. 网络状	wǎngluò zhuàng		像网络的样子
17. 启动	qǐdòng	动	发动，开动：～电脑
18. 取决	qǔjué	动	由某人、某方面或某种情况决定。（详见注释2）

专业词语

1. 个体	gètǐ	名	单个的人或生物
2. 量变	liàngbiàn	名	事物在数量上发生的变化。quantitative change
3. 质变	zhìbiàn	名	事物本质发生的变化。qualitative change
4. 受精卵	shòujīngluǎn	名	fertilized egg
5. 机能	jīnéng	名	细胞组织或器官的作用和活动能力。
6. 同质	tóngzhì	名	本质相同。homogeneity
7. 异质	yìzhì	名	本质不同。
8. 细胞分化	xìbāo fēnhuà		cell differentiation
9. 原基	yuánjī	名	胚胎发育中能辨认出的将来发育为某器官的部分。primordium
10. 决定	juédìng	动	细胞分化的第一个基本过程。
11. 全能性	quánnéngxìng		是指干细胞具有的分化成机体所有类型细胞和形成完全胚胎的能力。totipotentcy
12. 生长	shēngzhǎng	动	细胞分化的第二个基本过程
13. 生命物质	shēngmìng wùzhì	名	维持生命的物质。life substance
15. 形态建成	xíngtài jiànchéng		细胞分化的第四个基本过程

167

| 16. 细胞培养 | xìbāo péiyǎng | 由一个细胞经过培养得到大量的细胞或其代谢产物的技术。cell culture |

二、课文

个体发育过程主要包括**量变**过程和**质变**过程。前者即**受精卵**有丝分裂，使细胞数量不断增加。后者则随着细胞数量上的增加，增殖的大量细胞慢慢地出现形态上的差异和**机能**上的**分工**，即由结构功能相似的细胞变为结构功能上不同的组织细胞，由**同质**变为**异质**，这一过程叫**细胞分化**。

细胞分化是一个**渐变**过程，在整个胚胎发育过程中，先形成器官**原基**，然后出现细胞分化。在**预定**的器官中，从**幼稚**的胚胎细胞成长并分化为具有特殊形态结构和生理功能的成熟细胞通常经过4个基本过程。

（1）**决定**。即决定细胞的分化方向，然后向决定的方向分化，也就是先决定后分化。而决定和分化之间存在着一段时间**间隔**。不同的动物，胚胎发育过程中，细胞决定的出现情况不同。一般来说，胚胎发育**早期全能性**较大，胚胎发育**晚期**全能性减少。随着胚胎发育的进行，细胞全能性越来越少，发育到某一特定阶段，细胞只能向决定的某一方向发展了。

（2）**生长**。即细胞分裂，数目增多，同时细胞加速**生命物质**合成，细胞的体积**相对**增大，因此，预定器官也增大，然后才进一步出

问题1：个体发育的量变过程是什么？质变过程是什么？什么是细胞分化？

问题2：没有形成器官原基，可以出现细胞分化吗？

问题3：什么叫决定？决定后就马上完成分化吗？胚胎发育过程中细胞全能性是怎样变化的？

问题4：什么叫生长？未决定的细胞会不会生长和分

现分化。一般决定或未决定的细胞都要生长、分裂,数量增多,体积变大。

（3）**分化**。已经决定了分化方向的细胞,逐渐开始分化,由同质到异质,由全能到**专门**。在这一过程中细胞的形态、结构也发生变化以**适应**于这一特殊功能,同时还伴随着**原有**形态的改变和原有功能的**丧失**。

（4）**形态建成**。已分化了的细胞,为了最大**限度**地**行使**其功能,它们必须取**最佳**空间位置排列,如肌肉细胞聚集成长梭形,神经细胞突起连接成**网络状**,再由不同的类型,按一定层次构成一个器官。

在个体发育中,细胞分化是不可逆的,一旦分化**启动**,诱导分化的因子不存在时,分化继续进行,而且是稳定的。在**细胞培养**条件下,细胞的分化又是可逆的,但要**取决**于细胞可逆性的程度。

裂?

问题5：什么叫分化？细胞分化过程中原有的形态和功能会保留吗？

问题6：什么叫形态建成？形态建成后,肌肉细胞和神经细胞分别是什么形态？

问题7：细胞分化都是不可逆的吗？举例说明。

三、课文图例

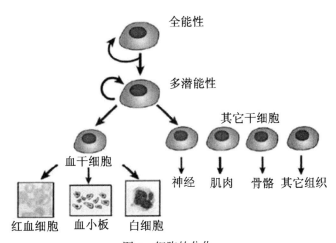

图1　细胞的分化

 四、注释

1. 预定——预订

"预定"是指事前规定、决定或约定。"定"意为定下来，不会轻易改动。"预定"常与计划、目的、时间、地点等连用。"预订"是指预先订购、订阅、订租。"预订"一般与机票、酒店、场地等连用。例：

（1）我们按**预定**的计划学习。

（2）这里可以**预订**往返机票。

2. 取决于

"取决于"是指由某人、某方面或某种情况决定。"于"后面接"取决"的对象。

（1）DNA携带和传递的遗传信息**取决于**多核苷酸链上的碱基种类、数量和排列顺序。

（2）在细胞培养条件下，细胞的分化又是可逆的，但要**取决于**细胞可逆性的程度。

 五、练习

（一）听与读

量变过程　质变过程　受精卵　机能　同质　异质　细胞分化
器官原基　预定的器官　幼稚的胚胎细胞　成熟细胞　胚胎发育早期
胚胎发育晚期　全能性　生命物质　决定　生长　分化　形态建成
细胞培养

（二）根据句子结构和语义划出下面句子的语块

1. 随着细胞数量上的增加，增殖的大量细胞慢慢地出现形态上的差异和机能上的分工，即由结构功能相似的细胞变为结构功能上不同的组织细胞，由同质变为异质，这一过程叫细胞分化。

2. 在预定的器官中，从幼稚的胚胎细胞成长并分化为具有特殊形态结构和生理功能的成熟细胞通常经过4个基本过程。

3. 在这一过程中细胞的形态、结构也发生变化以适应于这一特殊功能，同时还伴随着原有形态的改变和原有功能的丧失。

4. 已分化了的细胞，为了最大限度地行使其功能，它们必须取最佳空间位置排列，如肌肉细胞聚集成长梭形，神经细胞突起连接成网络状，再由不同的类型，按一定层次构成一个器官。

5. 在个体发育中，细胞分化是不可逆的，一旦分化启动，诱导分化的因子不存在时，分化继续进行，而且是稳定的。

（三）用线连接下列内容相关的术语

量变过程　　　　　全能性减少

质变过程　　　　　网络状

胚胎发育早期　　　有丝分裂

胚胎发育晚期　　　长梭形

肌肉细胞　　　　　细胞分化

神经细胞　　　　　全能性较大

（四）根据课文内容填空

1. 个体发育过程主要包括_____和_____。

2. 随着细胞数量上的增加，_____的大量细胞慢慢地出现形态上的差异和机能上的_____。

3. 细胞分化是由结构功能相似的细胞变为结构功能上不同的组织细胞，由_____变为_____。

4. 在整个胚胎发育过程中，先形成_____，然后出现_____。

5. 生长即细胞分裂，数目增多，同时细胞加速_____合成，细胞的体积_____。

6. 在细胞分化过程中，还伴随着_____的改变和原有功能的_____。

7. 已分化了的细胞，为了_____地行使其功能，它们必须取_____空间位置排列，再由不同的类型，按一定层次构成一个_____。

8. 在个体发育中，细胞分化是_____的，一旦分化启动，_____分化的因子不存在时，分化继续进行，而且是_____的。

9. 在_____条件下，细胞的分化又是可逆的，但要取决于细胞___的程度。

（五）名词解释

1. 细胞分化——
2. 形态建成——

（六）根据课文内容填表

细胞分化过程	特点
	决定细胞的分化方向
生长	
分化	
	已分化了的细胞由不同的类型，按一定层次构成一个器官

（七）根据课文回答问题

1. 为什么说细胞分化是一个渐变过程？

2. 简述细胞分化过程中决定和分化的关系。

（八）课堂活动

两人一组，一人说出细胞分化四个阶段的特点，另一人说出细胞分化阶段的名称。

（九）听力训练

1. 词语听写

2. 句子听写

（1）_____

（2）_____

（3）_____

3. 听后判断正误

语段一：

（　）（1）细胞分化是一个急速变化的过程。

（　）（2）在整个胚胎发育过程中，形成器官原基后，才会出现细胞分化。

（　）（3）细胞分化通常依次经过决定、分化、生长和形态建成4个基本过程。

语段二：

（　）（4）所有动物的胚胎发育过程中，细胞决定的出现情况都是相同的。

（　）（5）一般来说，胚胎发育早期全能性较小，胚胎发育晚期全能性增大。

（　）（6）细胞发育到某一特定阶段，只能向决定的某一方向发展了。

附录 I

部分练习参考答案

第一课

(四) 1.构成/组成 2.组成 3.成分 4.构成 5.组分/成分 6.称为
(九) 3.(1)C (2)ABC (3)C (4)BCEF

第二课

(九) 3.(1)A (2)D (3)A (4)B (5)C (6)C

第三课

(二) 1.便 2.所,为,以及 3.须 4.某,某,某 5.余 6.而,则
(六) 1.× 2.√ 3.√ 4.√ 5.× 6.√ 7.×
(九) 3.语段一:(1)√ (2)× (3)√
　　　语段二:(4)× (5)√ (6)√

第四课

(九) 3.(1)C (2)D (3)B (4)AC (5)B

第五课

(九) 3.(1)× (2)× (3)√ (4)×

第六课

（三）内侧←→外侧　结合←→游离　静态←→动态
　　　局部←→全部/整体　寡肽←→多肽　相对←→绝对
　　　最初←→最终/最后

（九）3.（1）CD　（2）A　（3）B　（4）D

第七课

（三）1. A　2. D　3. B　4. A　5. C
（五）1. ×　2. √　3. √　4. ×　5. ×　6. ×　7. √　8. ×
（九）语段一：相变　相变温度　不一　生理　分相现象
　　　语段二：脂肪酸链　弯曲

第八课

（三）1. ×　2. ×　3. √　4. ×　5. √　6. √
（九）语段一：

运输方式	进出细胞的物质	出入细胞的方式
穿膜运输	小分子、离子	横穿细胞膜
膜泡运输	大分子、颗粒物质	被膜包围

第九课

（二）1. A B D　2. C D　3. A
（四）1. ×　2. ×　3. √　4. ×　5. ×　6. √　7. √　8. ×　9. √　10. √
（六）内、外、出、外、外、进、内、外、内
（九）3.（1）D　（2）C　（3）D　（4）BCD　（5）ABC

第十课

（九）3. 语段一：摄入物　诱导　吞噬　伪足　封闭囊泡　脱离　溶酶体　消化

语段二：特异受体　相应　胞吞活动　复合物　封闭　高度浓缩

第十一课

（九）3.（1）√　（2）×　（3）√　（4）√　（5）×

第十二课

（九）3. 语段一：（1）ABC　（2）BC　（3）AD

语段二：（4）A　（5）BC

第十三课

（九）3.（1）×　（2）√　（3）×　（4）×　（5）√

第十四课

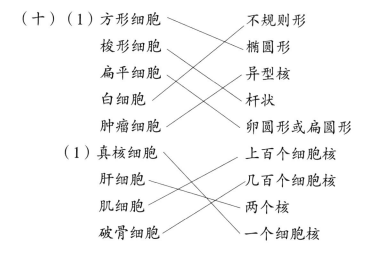

第十五课

（五）1. √ 2. × 3. √ 4. × 5. √ 6. √ 7. √ 8. ×

（九）3. 语段一：（1）BC （2）ACD

　　　　语段二：（3）ABCDE

第十六课

（四）1. A 2. B 3. D 4. B 5. C 6. D

（九）3. 语段一：（1）× （2）√ （3）×

　　　　语段二：（4）× （5）√ （6）×

第十七课

（九）3. 语段一：（1）× （2）√ （3）×

　　　　语段二：（4）× （5）× （6）√

附录2

听力语料

第一课

1. 词语听写（略）

2. 句子听写

   （1）活细胞主要由碳、氢、氧、氮、磷、硫六种元素组成。（可用元素符号代替汉字）

   （2）六种基本元素构成细胞里的水、氨基酸、蛋白质、糖类、核酸以及其他的有机物。

   （3）细胞中的无机盐都以离子状态存在。

   （4）与蛋白质结合的水称结合水；游离的称游离水。

3. 听后选择正确答案

   语段一：

   水、无机盐、单糖、氨基酸和核苷酸等物质，分子量小，通常叫做生物小分子。

   语段二：

   细胞中的无机盐都以离子状态存在，含量较多的无机盐阳离子有钠、钾、钙、铁、镁等；阴离子有氯、硫酸根、磷酸根、碳酸氢根等。

   语段三：

   细胞中主要有四类有机小分子：单糖、脂肪酸、氨基酸和核苷酸，由它们可构成生物大分子。

第 二 课

1. 词语听写（略）

2. 句子听写

（1）不论是 DNA 还是 RNA，它们的基本结构分子都是核苷酸。

（2）DNA 分子由两条以脱氧核糖—磷酸为骨架的双链组成。

（3）复制后新生的 DNA 双链都是由原来的一条母链和一条新的子链组成的。

3. 听后选择正确答案

语段一：

　　核苷酸由碱基加戊糖形成核苷后，再加磷酸形成。

语段二：

　　DNA 分子主要含有腺嘌呤（A）、鸟嘌呤（G）、胞嘧啶（C）、胸腺嘧啶（T）四种碱基，RNA 分子主要含有腺嘌呤、鸟嘌呤、胞嘧啶和尿嘧啶（U）四种碱基。

语段三：

　　生物体的遗传信息由多核苷酸链上的碱基种类、数量和排列顺序决定。

语段四：

　　RNA 的种类很多，如核糖体 RNA、转运 RNA、信使 RNA 等。其中信使 RNA 能决定蛋白质合成的氨基酸排列顺序；而核糖体 RNA 则与核糖体蛋白共同组成核糖体，核糖体是合成蛋白的场所。

第 三 课

1. 词语听写（略）

2. 句子听写

（1）蛋白质几乎参与机体的一切生理活动。

（2）不同的氨基酸序列便形成不同种类的蛋白质。

（3）只有一条多肽链构成的蛋白质，一旦形成三级结构即表现出生物活性。

3. 听后判断正误

语段一：

在蛋白质分子中，氨基酸之间以肽键相连形成肽。由10个以下的氨基酸形成的肽称寡肽，而由10个以上氨基酸组成的则称多肽。确切地说，多肽和蛋白质之间没有绝对的标准区分，一般以50—100个氨基酸为界。

语段二：

组成蛋白质的肽链中氨基酸的种类、数目和排列顺序是蛋白质的一级结构。多肽链骨架盘绕折叠所形成的有规律性的结构是二级结构，它是指局部或某一段肽链的空间结构。整条肽链的三维结构是蛋白质的三级结构。四级结构由多个三级结构构成，此时的三级结构称为亚基。

第四课

1. 词语听写（略）
2. 句子听写

（1）表面抗原在细胞与细胞的相互识别中起重要作用。

（2）分布在膜的内、外表面的蛋白，称为膜周边蛋白。

（3）磷脂、胆固醇和糖脂分子，都有一个亲水末端和一个疏水末端。

3. 听后选择正确答案

在真核细胞中，细胞膜和细胞内部各种细胞器的膜统称为生物膜。生物膜的主要成分为脂类、蛋白质和糖类，还有少量水和金属离子。在质膜中，镶嵌于膜中的蛋白，称为膜内在蛋白或镶嵌蛋白。动物细胞膜上的膜糖主要有7种，它们是葡萄糖、半乳糖、甘露糖、岩藻糖、半乳糖胺、葡萄糖胺和唾液酸。在膜蛋白中，有的是运输蛋白，转运出入细胞的分子、离子；有的是酶，催化与膜相关的代谢反应。

第五课

1. 词语听写（略）
2. 句子听写
   （1）最有代表性的生物膜分子结构是片层结构模型、单位膜模型和液态镶嵌模型。
   （2）液态镶嵌模型把生物膜看成是由二维排列的脂类和蛋白质组成的液态体。
   （3）晶格镶嵌模型认为脂类的流动性是局部的，并非整个脂双层都在流动。
3. 听后判断正误

   关于生物膜的分子结构，最有代表性的是片层结构模型、单位膜模型和液态镶嵌模型。片层结构模型认为，生物膜是由蛋白质—磷脂—蛋白质构成的三夹板或片层结构组成。单位膜模型认为，生物膜的内外层是染色深的蛋白质层，中间是染色浅的脂类层。液态镶嵌模型认为，脂双层构成生物膜的连续主体，球形蛋白质分子镶嵌在脂双分子层中。晶格镶嵌模型认为，膜蛋白对脂类分子的运动具有限制作用，镶嵌蛋白和它周围的脂类分子形成膜中的晶态部分，流动的脂类只是小片的点状分布。

第六课

1. 词语听写（略）
2. 句子听写
   （1）根据结构和功能的不同，细胞连接一般可分为紧密连接、锚定连接和间隙连接三类。
   （2）通过细胞连接装置可以介导细胞间通信，协调细胞间的代谢活动。
   （3）半桥粒是上皮细胞与基膜之间的连接装置，它的结构仅为桥粒的一半。
3. 听后选择正确的答案
   （1）在非上皮组织细胞中，粘着连接指相邻细胞膜下的微丝束形成细胞间斑点状或条纹状结构，将细胞粘着在一起。
   （2）上皮细胞间的粘着连接由质膜胞质侧的肌动蛋白丝束通过跨膜糖蛋白

延伸到胞外，形成跨膜网架进行连接。

（3）点桥粒连接的特点是，相邻两细胞胞质面的细胞膜上各有一块由桥粒蛋白组成的盘状胞质板，它们向细胞表面伸出许多桥粒蛋白把相邻的两细胞连接在一起。

（4）间隙连接是相邻两个细胞之间存在缝隙，靠各自细胞膜上短筒状的小体吻合联系在一起的连接方式。此短筒状小体称为连接小体或连接子。

第七课

1. 词语听写（略）

2. 句子听写

（1）流动性和不对称性是生物膜的两个重要特性。

（2）膜脂分子垂直于膜平面围绕其长轴作自由转动。

（3）膜蛋白的运动形式主要为侧向扩散和旋转运动。

3. 听后填空

语段一：

  引起相变发生的温度，称为相变温度。各种膜脂有不同的相变温度，在膜中形成一些流动性不一的区域，即使在生理温度下，膜中也存在着分相现象。

语段二：

  脂类分子的脂肪酸链尾部常发生摆动而弯曲。

第八课

1. 词语听写（略）

2. 句子听写

（1）简单扩散是物质顺电化学梯度自由穿越脂双层的穿膜运输方式。

（2）载体蛋白通过与所运输的物质特异性结合而转运该物质穿过膜。

（3）膜泡运输指被转运的物质包围在由膜围成的小泡中的运输方式。

3. 听两遍语段，边听边填表

不同物质出入细胞的机制各不相同，但它们通过细胞膜的方式不外乎两种，一种是小分子和离子横穿细胞膜的穿膜运输，另一种是大分子和颗粒物质被膜包围后的膜泡运输。

第九课

1. 词语听写（略）

2. 句子听写

（1）Na^+-K^+ 泵是一种能对 Na^+ 和 K^+ 逆电化学梯度对向运输的 ATP 酶。

（2）Na^+-K^+ ATP 酶的催化亚基能可逆地磷酸化和去磷酸化，发生构象变化。

（3）磷酸化的催化亚基发生构象变化，致使 Na^+ 的亲和力降低。

3. 听后选择正确的答案

（1）Na^+-K^+ 泵由一个大的催化亚基和一个小的糖蛋白组成，如果把催化亚基与糖蛋白分开，Na^+-K^+ 泵的活性也会随之丧失。

（2）在催化亚基的膜内侧，有 Na^+ 与催化亚基的结合位点，Na^+ 与催化亚基结合后，激活 ATP 酶，使 ATP 分解为 ADP 和高能磷酸根。

（3）高能磷酸根在膜内侧与催化亚基结合，使催化亚基磷酸化；K^+ 在膜外侧与催化亚基结合，使催化亚基发生去磷酸化反应，磷酸根水解脱落。

（4）维持细胞外高 Na^+、细胞内高 K^+ 的状态，对调节细胞渗透压、形成膜电位以及保证另一些物质的运输等都有重要作用。

（5）在细胞质基质中 Ca^{2+} 浓度很低，而在细胞外以及线粒体、内质网等细胞器中 Ca^{2+} 浓度则很高。

第十课

1. 词语听写（略）

2. 句子听写

（1）吞噬作用是细胞对大颗粒物质的摄取过程。

（2）胞饮作用是细胞摄入细胞外液及其中的溶质大分子或极微小颗粒的过程。

（3）受体介导的胞吞作用是受体参与的一种特异、高效地摄取细胞外大分子的胞吞方式。

3. 听后填空

语段一：

当摄入物与细胞表面接触时，可诱导细胞的吞噬活动，接触区域的细胞膜内凹，同时细胞伸出伪足包围大颗粒，形成一个围绕大颗粒的封闭囊泡，然后囊泡脱离细胞膜，进入细胞，与细胞内的溶酶体融合并被消化分解。

语段二：

在细胞膜上有所要摄入物的特异受体，当大分子与相应的受体识别结合后，才能激活胞吞活动；大分子与受体形成的复合物聚集在小凹内，进一步封闭成小泡。因此被转运的物质都是经过受体选择并且被高度浓缩的。

第十一课

1. 词语听写（略）
2. 句子听写
（1）内质网由一层单位膜围成的形状大小不同的小管、小泡或扁囊构成。
（2）高度分化的胰腺外分泌细胞在分泌功能旺盛时，粗面内质网非常发达。
（3）细胞中毒时，膜上的多聚体核糖体解聚为单个核糖体。
3. 听后判断正误

内质网根据膜表面有无核糖体附着而分为粗面内质网和滑面内质网两类。粗面内质网的数量常与细胞类型、生理状态以及分化程度密切相关。例如，高度分化的胰腺外分泌细胞在分泌功能旺盛时，粗面内质网非常发达，分泌活动静止期则减少。未分化或未成熟的细胞如胚胎细胞、干细胞、培养细胞等与相应的正常成熟细胞相比，则不发达。所以，粗面内质网的发达程度，可作为判断细胞分化程度和功能状态的形态指标。

第十二课

1. 词语听写（略）
2. 句子听写

（1）整个高尔基复合体可由若干个扁平囊堆组成。

（2）小囊泡散布于扁平囊泡周围，多见于顺面。

（3）大囊泡对所含的分泌物有继续浓缩的作用。

3. 听后选择正确答案（可多选）

语段一：

　　整个高尔基复合体可由若干个扁平囊堆组成，排列成弓形、半球形或球形，扁平囊堆之间由一些盘曲状管道相连。扁平囊堆凸出的一面为顺面或形成面，靠近细胞核或内质网；凹入的一面为反面或成熟面，朝向细胞膜。

语段二：

　　高尔基复合体的主体是由3—10层平行排列在一起的扁平囊泡组成的扁平囊堆。每个扁平囊泡由两条平行的单位膜构成，中间较窄，周边较宽。扁平囊的中央部分较平，为中央板状区，其上有孔，可与相邻的扁平囊泡或周围的小泡、小管相通。

第十三课

1. 词语听写（略）
2. 句子听写

（1）线粒体是细胞中能量储存和供给场所。

（2）线粒体是由两层单位膜围成的膜性囊，外膜与内膜不相连。

（3）线粒体内膜与嵴包围着的内部空间，充满着比较致密的胶状物质，称线粒体基质。

3. 听后判断正误

　　线粒体是一个敏感而多变的细胞器，普遍存在于除哺乳动物成熟红细胞以外的所有真核细胞中。其形态多为线状、颗粒状或短杆状，它也因此得名。不同种类和不同生理状况下的细胞，线粒体的形状不同。线粒体的形状与大小受酸碱度和细胞内渗透压的影响。在酸性环境下趋向囊状，碱性环境下呈粒状，低渗时膨胀成颗粒状，高渗环境下，线粒体伸长呈线状。

第十四课

1. 词语听写（略）
2. 句子听写

  （1）核膜又称核被膜，围绕在核外周，由内外两层单位膜构成。

  （2）细胞核基本由四部分构成，即核膜、染色质、核仁及核基质。

  （3）核仁位于核的中央位置，无膜包裹，为电子密度较高的球形海绵状结构。

3. 听后连线

  （1）方形的细胞，核的形态多呈椭圆形；梭形的细胞，其核为杆状；扁平的细胞，其核为卵圆形或扁圆形。白细胞的核为不规则形。肿瘤细胞的核为异型核。

  （2）一般的真核细胞中只有一个细胞核，但肝细胞中可见两个核，肌细胞中有上百个核，破骨细胞的核数量可达几百个。

第十五课

1. 词语听写（略）
2. 句子听写

  （1）在细胞周期运转过程中，核内的染色质复制加倍，组装成棒状或点状结构。

  （2）功能异染色质是在特定细胞中或在一定发育阶段，由常染色质转变而成的。

  （3）结构异染色质在分裂期细胞常构成染色体端粒、着丝粒。

3. 听后选择正确答案

语段一：

异染色质一般位于核的边缘或围绕在核仁的周围，或呈小块状存在于核中央，细丝高度螺旋、盘曲，结构比较紧密，对碱性染料着色较深，是处于凝集状态的 DNA 和组蛋白的复合物。

语段二：

常染色质一般位于细胞核的中央，伸展充分，分散度大，结构较疏松，对碱性染料着色浅。常染色质是有转录活性的染色质，其中的 DNA 可转录合成 RNA。

第十六课

1. 词语听写（略）

2. 句子听写

（1）间期主要合成各种细胞内物质、复制 DNA、增生各种细胞器，为细胞分裂作准备。

（2）G_1 期是指有丝分裂完成后 S 期开始之间的间歇时期，又称为 DNA 合成前期。

（3）M 期的生化特点是 RNA 合成停止，蛋白质合成减少以及染色体高度螺旋化。

3. 听后判断正误

语段一：

整个细胞周期可划分为四个时期：G_1 期、S 期、G_2 期、M 期。其中前三期又称为间期。M 期即有丝分裂期，主要是核的急剧变化，经过核分裂和胞质分裂形成两个子细胞。所以细胞增殖是间期与分裂期交替进行的过程。

语段二：

G_2 期是介于 S 期结束与 M 期开始之间的间歇时期，也称为 DNA 合成后期。这一时期主要为有丝分裂进行物质和能量的准备。此时复制因子失活，RNA 和有丝分裂相关的蛋白质加速合成。G_2 期还合成一种重要的调节因子——M 期促进因子，它使细胞从间期进入有丝分裂期。

第十七课

1. 词语听写（略）
2. 句子听写
   （1）量变过程中，受精卵发生有丝分裂，细胞数量不断增加。
   （2）在整个胚胎发育过程中，先形成器官原基，然后出现细胞分化。
   （3）已分化了的细胞，为了最大限度地行使其功能，必须取最佳空间位置排列。
3. 听后判断正误

   语段一：
   　　细胞分化是一个渐变过程，在整个胚胎发育过程中，先形成器官原基，然后出现细胞分化。在预定的器官中，从幼稚的胚胎细胞成长并分化为具有特殊形态结构和生理功能的成熟细胞通常经过决定、生长、分化和形态建成 4 个基本过程。

   语段二：
   　　不同的动物，胚胎发育过程中，细胞决定的出现情况不同。一般来说，胚胎发育早期全能性较大，胚胎发育晚期全能性减少。随着胚胎发育的进行，细胞全能性越来越少，发育到某一特定阶段，细胞只能向决定的某一方向发展了。

附录3 生词总表

A

氨基酸	ānjīsuān	1
按	àn	6
凹陷	āoxiàn	13

B

白细胞	báixìbāo	14
摆动	bǎidòng	7
斑点状	bāndiǎn zhuàng	6
半桥粒	bànqiáolì	6
半乳糖	bànrǔtáng	4
半乳糖胺	bànrǔtáng'àn	4
伴随	bànsuí	8
棒状	bàng zhuàng	15
包裹	bāoguǒ	14
包含	bāohán	13
包围	bāowéi	8
胞嘧啶	bāo mìdìng	2
胞吐作用	bāotǔ zuòyòng	8
胞吞作用	bāotūn zuòyòng	8
胞饮作用	bāoyǐn zuòyòng	10
胞质	bāozhì	4
胞质分裂	bāozhì fēnliè	16
被动	bèidòng	8
被动运输	bèidòng yùnshū	8
泵	bèng	9
必由之路	bìyóuzhīlù	8
扁囊	biǎnnáng	11
扁平	biǎnpíng	12
扁平囊堆	biǎnpíng nángduī	12
扁平囊泡	biǎnpíng nángpào	12
扁圆形	biǎnyuán xíng	14
便	biàn	3
标准	biāozhǔn	3
表面	biǎomiàn	4
表面抗原	biǎomiàn kàngyuán	4
并非	bìngfēi	5
病理	bìnglǐ	11
哺乳动物	bǔrǔ dòngwù	13
不但……，而且……	búdàn…érqiě…	6
不规则形	bù guīzé xíng	14

不仅……而且……	bùjǐn…érqiě…	3	垂直	chuízhí	7
不论是……还是……	búlùn shì…háishì…	2	此外	cǐwài	9
			从而	cóng'ér	7
不外乎	búwàihū	7	粗面内质网	cūmiàn nèizhìwǎng	11
不一	bùyī	7	催化	cuīhuà	4
不足	bùzú	5	催化亚基	cuīhuà yàjī	9

C			D		
参与	cānyù	3	达	dá	14
侧向	cèxiàng	7	大囊泡	dànángpào	12
差异	chāyì	7	代谢反应	dàixiè fǎnyìng	4
常染色质	cháng rǎnsèzhì	15	代谢能	dàixiènéng	8
场所	chǎngsuǒ	13	单	dān	2
朝向	cháoxiàng	12	单糖	dāntáng	1
称为	chēngwéi	1	单位膜模型	dānwèimó móxíng	5
称之为	chēng zhī wéi	7	单一	dānyī	5
成分	chéngfèn	1	单运输	dānyùnshū	8
成熟	chéngshú	11	胆固醇	dǎngùchún	4
成熟面	chéngshúmiàn	12	DNA-蛋白质纤维	DNA-ànbáizhì xiānwéi	15
充（水）	chōng (shuǐ)	8	蛋白质	dànbáizhì	1
充满	chōngmǎn	13	得名	dé míng	6
除……外	chú…wài	6	得以	déyǐ	12
储存	chǔcún	13	低聚（糖）	dījù (táng)	4
穿膜运输	chuānmó yùnshū	8	低渗	dī shèn	13
穿越	chuānyuè	8	点桥粒	diǎnqiáolì	6
传导	chuándǎo	4	电化学梯度	diànhuàxué tīdù	8
传递	chuándì	2			

电位	diànwèi	9	方形	fāng xíng	14
电子密度	diànzǐ mìdù	14	非 –	fēi	4
定向	dìngxiàng	12	分别	fēnbié	10
定向运输	dìngxiàng yùnshū	12	分工	fēn gōng	17
动力站	dònglìzhàn	13	分化	fēnhuà	11
动态(⟵→静态)	dòngtài(⟵→jìngtài)	5	分类	fēn lèi	12
堆	duī	12	分裂	fēnliè	7
对称	duìchèn	5	分泌泡	fēnmìpào	12
对向	duìxiàng	9	分散度	fēnsàndù	15
对向运输	duìxiàng yùnshū	9	分相现象	fēnxiàng xiànxiàng	7
对运输	duìyùnshū	8	分选	fēnxuǎn	12
多聚体	duōjùtǐ	11	分叶现象	fēnyè xiànxiàng	14
多肽	duōtài	3	分子量	fēnzǐliàng	1

E

			分子团	fēnzǐtuán	4
而	ér	2	粉尘	fěnchén	10
而	ér	3	封闭	fēngbì	10
二维	èrwéi	5	缝隙	fèngxì	6

F

			附有	fùyǒu	14
发达	fādá	11	附着	fùzhuó	5
发育	fāyù	15	复合物	fùhéwù	10
翻转	fānzhuǎn	7	复制	fùzhì	2
繁殖	fánzhí	14	复制因子	fùzhì yīnzǐ	16
反复	fǎnfù	9	赋予	fùyǔ	12
反面	fǎnmiàn	12	覆盖	fùgài	10

G

反之	fǎnzhī	9			
方式	fāngshì	2	该	gāi	5

钙泵	gàibèng	9	寡肽	guǎtài	3
甘露糖	gānlùtáng	4	管	guǎn	11
肝细胞	gānxìbāo	11	管道	guǎndào	12
干细胞	gànxìbāo	11	贯穿	guànchuān	8
高度	gāodù	10	光滑	guānghuá	11
高尔基复合体	gāo'ěrjī fùhétǐ	12	光镜	guāngjìng	15
高能	gāonéng	9	规律	guīlǜ	2
高能磷酸根	gāonéng línsuāngēn	9	**H**		
高渗	gāo shèn	13	海绵状	hǎimián zhuàng	14
高效	gāoxiào	10	含量	hánliàng	1
个体	gètǐ	17	含有	hányǒu	1
各不相同	gè bù xiāngtóng	7	行使	xíngshǐ	17
各自	gèzì	6	DNA 合成后期	DNĀ héchéng hòuqī	16
更新	gēngxīn	10	DNA 合成期	DNĀ héchéngqī	16
弓形	gōngxíng	12	DNA 合成前期	DNĀ héchéng qiánqī	16
功能	gōngnéng	1	合成	héchéng	2
功能异染色质	gōngnéng yì rǎnsèzhì	15	核被膜	hébèimó	14
共性	gòngxìng	5	核分裂	héfēnliè	16
共运输	gòngyùnshū	8	核苷	hégān	2
供	gōng	9	核苷酸	hégānsuān	1
供给	gōngjǐ	13	核骨架	hégǔjià	14
供应	gōngyìng	8	核基质	héjīzhì	14
构成	gòuchéng	1	核孔	hékǒng	14
构象	gòuxiàng	9	核膜	hémó	14
骨架	gǔjià	2	核仁	hérén	14
固有	gùyǒu	12	核酸	hésuān	1

核糖	hétáng	1	基	jī	3
核糖核苷	hétáng hégān	2	基本	jīběn	1
核糖核酸	hétáng hésuān	1	基础	jīchǔ	3
核糖体	hétángtǐ	2	基地	jīdì	11
核糖体 RNA	hétángtǐ RNA	2	基膜	jīmó	6
核纤层	héxiāncéng	14	基因表达	jīyīn biǎodá	15
核质	hézhì	14	基质	jīzhì	9
核周间隙	hézhōu jiànxì	14	激活	jīhuó	9
横穿	héngchuān	8	激素	jīsù	10
红细胞	hóngxìbāo	13	及其	jí qí	5
忽略	hūlüè	5	即	jí	1
忽视	hūshì	5	即	jí	3
互补	hùbǔ	2	即使	jíshǐ	7
滑面内质网	huámiàn nèizhìwǎng	11	急剧	jíjù	16
~化	huà	9	嵴间腔	jíjiānqiāng	13
恢复	huīfù	9	几乎	jīhū	3
活性	huóxìng	3	己	jǐ	1

J

机理	jīlǐ	9	己糖	jǐtáng	1
机能	jīnéng	17	加倍	jiā bèi	15
机体	jītǐ	3	加速	jiā sù	16
机械	jīxiè	11	间	jiān	6
机制	jīzhì	8	间隔	jiàngé	17
肌动蛋白	jīdòng dànbái	6	间期	jiànqī	15
肌细胞	jīxìbāo	14	间隙	jiànxì	6
积累	jīlěi	16	间隙连接	jiànxì liánjiē	6
			间歇	jiànxiē	16

兼性分子	jiānxìng fēnzǐ	4
兼性异染色质	jiānxìng yì rǎnsèzhì	15
简称	jiǎnchēng	2
简单扩散	jiǎndān kuòsàn	8
碱基	jiǎnjī	2
碱性	jiǎn xìng	13
建成	jiànchéng	17
渐变	jiànbiàn	17
键	jiàn	2
交换	jiāohuàn	7
交替	jiāotì	16
胶状	jiāo zhuàng	13
较为	jiàowéi	11
阶段	jiēduàn	15
接收	jiēshōu	4
揭示	jiēshì	5
结缔组织	jiédì zǔzhī	6
结构	jiégòu	2
结构异染色质	jiégòu yì rǎnsèzhì	15
结合	jiéhé	1
结合水	jiéhéshuǐ	1
解毒（⟵中毒）	jiědúú (⟵ zhòng dúú)	11
解聚	jiějù	11
解螺旋	jiěluóxuán	16
解旋	jiěxuán	2
介导	jièdǎo	6

金属	jīnshǔ	4
仅	jǐn	5
紧密连接	jǐnmì liánjiē	6
进而	jìn'ér	9
进一步	jìnyíbù	5
晶格镶嵌模型	jīnggé xiāngqiàn móxíng	5
晶态	jīngtài	5
精确	jīngquè	16
静态（⟵动态）	jìngtài (⟵ dòngtài)	5
局部	júbù	3
聚集	jùjí	10
决定	juédìng	17
绝对（⟵相对）	juéduì (⟵ xiāngduì)	3
均	jūn	13
均匀	jūnyún	5

K

开放	kāifàng	10
抗体	kàngtǐ	10
颗粒	kēlì	7
可逆	kěnì	9
可溶性	kěróng xìng	13
空间	kōngjiān	3
孔	kǒng	12
控制	kòngzhì	13
块状	kuài zhuàng	15

扩散	kuòsàn	7
扩增	kuòzēng	13

L

类固醇	lèigùchún	11
类型	lèixíng	3
离子	lízǐ	1
理论	lǐlùn	5
连接蛋白	liánjiē dànbái	4
连接小体	liánjiē xiǎotǐ	6
连接子	liánjiēzǐ	6
连续	liánxù	5
链	liàn	2
量变	liàngbiàn	17
磷酸	línsuān	2
磷脂	línzhī	4
流动	liúdòng	5
卵圆形	luǎnyuán xíng	14
螺旋	luóxuán	2
螺旋化	luóxuánhuà	15

M

毛刺状	máocì zhuàng	10
锚定连接	máodìng liánjiē	6
酶	méi	4
Ca^{2+}-ATP 酶	…méi	9
Na^+-K^+ATP 酶	…méi	9
密切	mìqiè	7
面向	miànxiàng	14
敏感	mǐngǎn	13
明	míng	9
明显	míngxiǎn	7
模板	múbǎn	2
模型	móxíng	5
膜电位	módiànwèi	9
膜间腔	mójiānqiāng	13
膜内在蛋白	mó nèizài dànbái	4
膜泡运输	mópào yùnshū	8
膜性囊	móxìngnáng	13
膜脂	mózhī	7
膜周边蛋白	mó zhōubiāndànbái	4
某	mǒu	3
母 –	mǔ	2
目前	mùqián	5

N

钠 – 钾泵	nà-jiǎbèng	9
囊泡	nángpào	10
内侧（⟷ 外侧）	nèicè (⟷ wàicè)	2
内含物	nèihánwù	12
内核膜	nèihémó	14
内膜	nèimó	13
内膜系统	nèimó xìtǒng	10
内容物	nèiróngwù	8

内吞（⟵⟶外吐）	nèitūn（⟵⟶wàitǔ）	10
内在	nèizài	4
内质网	nèizhìwǎng	9
逆（⟵⟶顺）	nì（⟵⟶shùn）	8
粘着	niánzhuó	6
粘着斑蛋白	niánzhuó bāndànbái	6
粘着连接	niánzhuó liánjiē	6
鸟嘌呤	niǎo piàolìng	2
尿嘧啶	niào mìdìng	2
凝集	níngjí	15
浓度	nóngdù	6
浓缩	nóngsuō	10
浓缩泡	nóngsuōpào	12
浓缩染色质	nóngsuō rǎnsèzhì	15

P

排	pái	9
排列	páiliè	2
盘曲	pánqū	3
盘绕	pánrào	3
盘状	pán zhuàng	6
判断	pànduàn	11
胚胎细胞	pēitāi xìbāo	11
培养细胞	péiyǎng xìbāo	11
配对	pèi duì	2
膨出	péngchū	12
膨胀	péngzhàng	13

片层结构模型	piàncéng jiégòu móxíng	5
嘌呤	piàolìng	2
平行	píngxíng	12
平衡	pínghéng	12
平面	píngmiàn	7
平整	píngzhěng	11
破骨细胞	pògǔ xìbāo	14
剖面	pōumiàn	7
葡萄糖	pútáotáng	1
葡萄糖胺	pútáotáng'àn	4
普遍	pǔbiàn	5

Q

期	qī	11
M期促进因子	M qī cùjìn yīnzǐ	16
其	qí	7
启动	qǐdòng	17
起……作用	qǐ…zuòyòng	4
器官	qìguān	6
前者……，后者……	qiánzhě…,hòuzhě…	7
腔	qiāng	11
腔隙	qiāngxì	13
桥粒	qiáolì	6
桥粒蛋白	qiáolì dànbái	6
桥粒连接	qiáolì liánjiē	6
且	qiě	3

亲和力	qīnhélì	9
亲水（末端）	qīnshuǐ（mòduān）	4
球形	qiú xíng	4
区别	qūbié	14
区分	qūfēn	3
区域	qūyù	7
趋向	qūxiàng	13
取决	qǔjué	17
去	qù	9
去除	qùchú	16
全能性	quánnéngxìng	17
确切	quèqiè	3

R

然而	rán'ér	3
染料	rǎnliào	14
染色	rǎnsè	5
染色体	rǎnsètǐ	15
染色体端粒	rǎnsètǐ duānlì	15
染色质	rǎnsèzhì	14
绕	rào	2
溶剂	róngjì	1
溶酶体	róngméitǐ	10
溶液	róngyè	1
溶质	róngzhì	10
融合	rónghé	8
若	ruò	9
若干	ruògān	12

S

三夹板	sānjiābǎn	5
三维	sānwéi	3
散布	sànbù	12
丧失	sàngshī	9
上	shàng	14
上皮细胞	shàngpí xìbāo	6
上述	shàngshù	9
摄取	shèqǔ	9
摄入物	shèrùwù	10
伸	shēn	6
伸缩	shēnsuō	7
伸展	shēnzhǎn	15
伸展染色质	shēnzhǎn rǎnsèzhì	15
肾小管	shènxiǎoguǎn	14
甚至	shènzhì	10
渗透	shèntòu	9
渗透压	shèntòuyā	9
生化	shēnghuà	16
生理	shēnglǐ	7
生理温度	shēnglǐ wēndù	7
生命物质	shēngmìng wùzhì	17
生物膜	shēngwùmó	4
生长	shēngzhǎng	17
失活	shī huó	16

失去	shīqù	11
识别	shíbié	4
使	shǐ	6
示	shì	9
适应	shìyìng	17
释放	shìfàng	8
受精卵	shòujīngluǎn	17
受体	shòutǐ	4
受体介导的胞吞作用	shòutǐ jièdǎo de bāotūn zuòyòng	10
疏水（末端）	shūshuǐ（mòduān）	4
疏松	shūsōng	15
输出	shūchū	9
束	shù	6
数目	shùmù	3
水解	shuǐjiě	9
顺（⟷逆）	shùn（⟷nì）	8
顺面	shùnmiàn	12
顺序	shùnxù	2
速率	sùlǜ	8
酸碱度	suānjiǎndù	13
酸性	suān xìng	13
随/依……而……	suí/yī……ér……	11
随后	suíhòu	8
随即	suíjí	9

随之	suízhī	9
碎片	suìpiàn	10
梭形	suō xíng	14
所	suǒ	3

T

肽	tài	3
肽键	tàijiàn	3
碳化合物	tàn huàhéwù	1
碳水化合物	tàn shuǐ huàhéwù	1
糖基	tángjī	12
糖基化	tángjīhuà	12
糖脂	tángzhī	4
特定	tèdìng	3
特殊（⟷一般、平常）	tèshū（⟷yìbān、píngcháng）	9
特性	tèxìng	7
特异性	tèyìxìng	8
梯度	tīdù	8
体积	tǐjī	10
体系	tǐxì	14
条纹状	tiáowén zhuàng	6
调节	tiáojié	9
调节因子	tiáojié yīnzǐ	16
通常	tōngcháng	1
通道	tōngdào	8
通道蛋白	tōngdào dànbái	8

通过	tōngguò	2	网络状	wǎngluò zhuàng	17
通透	tōngtòu	8	旺盛	wàngshèng	11
通信	tōngxìn	6	微丝	wēisī	6
同质	tóngzhì	17	微小	wēixiǎo	10
筒状	tǒng zhuàng	6	为	wéi	1
凸出	tūchū	12	为	wéi	5
吞噬	tūnshì	10	围绕	wéirào	7
吞噬作用	tūnshì zuòyòng	10	为此	wèicǐ	5
脱离	tuōlí	10	伪足	wěizú	10
脱粒	tuōlì	11	未	wèi	10
脱落	tuōluò	9	位点	wèidiǎn	9
脱氧	tuōyǎng	1	吻合	wěnhé	6
脱氧核糖核苷	tuōyǎng hétáng hégān	2	稳定	wěndìng	3
脱氧核糖核酸	tuōyǎng hétáng hésuān	1	无机	wújī	1
			无机盐	wújīyán	1
椭圆形	tuǒyuán xíng	14	戊	wù	1
唾液酸	tuòyèsuān	4	戊糖	wùtáng	1
W			物质	wùzhì	1
			X		
外核膜	wàihémó	14			
外膜	wàimó	13	稀疏	xīshū	11
外周	wàizhōu	14	系统	xìtǒng	6
弯曲	wānqū	7	细胞	xìbāo	1
完善	wánshàn	5	细胞分化	xìbāo fēnhuà	17
完整	wánzhěng	5	细胞核	xìbāohé	12
晚期	wǎnqī	17	细胞连接	xìbāo liánjiē	6
网架	wǎngjià	6	细胞膜	xìbāomó	1

细胞培养	xìbāo péiyǎng	17	相似	xiāngsì	4
细胞器	xìbāoqì	4	相应	xiāngyìng	10
细胞外基质	xìbāowài jīzhì	6	镶嵌	xiāngqiàn	4
细胞外液	xìbāo wàiyè	10	镶嵌蛋白	xiāngqiàn dànbái	4
细胞质骨架	xìbāozhì gǔjià	14	相变	xiàngbiàn	7
细胞周期	xìbāo zhōuqī	15	相变温度	xiàngbiàn wēndù	7
细菌	xìjūn	10	消耗	xiāohào	8
隙	xì	11	消化	xiāohuà	10
狭窄	xiázhǎi	11	小囊泡	xiǎonángpào	12
纤连蛋白	xiānlián dànbái	6	小泡	xiǎopào	10
显示	xiǎnshì	3	效应	xiàoyìng	9
现象	xiànxiàng	7	（线粒体）外室	(xiànlìtǐ) wàishì	13
限度	xiàndù	17	协调	xiétiáo	6
限制	xiànzhì	5	协同运输	xiétóng yùnshū	8
线（粒体）嵴	xiàn (lìtǐ) jí	13	协助	xiézhù	8
线（粒体）内室	xiàn (lìtǐ) nèishì	13	携带	xiédài	2
线粒体	xiànlìtǐ	9	新陈代谢	xīnchén dàixiè	12
线粒体基质	xiànlìtǐ jīzhì	13	新生	xīnshēng	2
腺嘌呤	xiàn piàolìng	2	信号	xìnhào	4
相比	xiāngbǐ	11	信使	xìnshǐ	2
相对	xiāngduì	17	信使 RNA	xìnshǐ RNA	2
相对（←→绝对）	xiāngduì (←→ juéduì)	3	信息	xìnxī	2
			形成面	xíngchéngmiàn	12
相关	xiāngguān	4	形式	xíngshì	1
相互	xiānghù	4	形态	xíngtài	11
相邻	xiānglín	6	形态建成	xíngtài jiànchéng	17

词	拼音	页
~性	xìng	3
性质	xìngzhì	4
性状	xìngzhuàng	16
胸腺嘧啶	xiōngxiàn mìdìng	2
修饰	xiūshì	11
须	xū	3
DNA 序列	DNA xùliè	15
序列	xùliè	3
旋转	xuánzhuǎn	7
选择通透性	xuǎnzé tōngtòuxìng	8

Y

词	拼音	页
芽	yá	12
芽生	yá shēng	12
亚基	yàjī	3
延伸	yánshēn	6
岩藻糖	yánzǎotáng	4
沿	yán	7
衍生物	yǎnshēngwù	4
阳离子	yánglízǐ	1
氧化	yǎnghuà	13
液晶态	yèjīngtài	7
液态体	yètàitǐ	5
液态镶嵌模型	yètài xiāngqiàn móxíng	5
一般来说	yìbān láishuō	11
一旦	yídàn	3
一环	yì huán	16
一种……，另一种……	yì zhǒng… lìng yì zhǒng…	4
衣被	yībèi	10
依赖	yīlài	8
胰腺	yíxiàn	11
移	yí	10
遗传	yíchuán	2
以……为……	yǐ…wéi…	2
以……为界	yǐ…wéi jiè	3
以……相连	yǐ…xiānglián	2
以及	yǐjí	1
亦然	yìrán	11
异	yì	11
异常	yìcháng	14
异染色质	yì rǎnsèzhì	15
异型核	yìxínghé	14
异质	yìzhì	17
抑制因子	yìzhì yīnzǐ	16
易化扩散	yìhuà kuòsàn	8
因子	yīnzǐ	16
阴离子	yīnlízǐ	1
营养	yíngyǎng	1
由……而来	yóu…érlái	12
由此	yóucǐ	4
游离	yóulí	1
游离水	yóulíshuǐ	1
有被小泡	yǒubèi xiǎopào	10

有被小窝	yǒubèi xiǎowō	10	载体蛋白	zàitǐ dànbái	8
有机	yǒujī	1	在……中	zài……zhōng	1
有机体	yǒujītǐ	6	在于	zàiyú	11
有机物	yǒujīwù	1	早期	zǎoqī	17
有丝分裂	yǒusī fēnliè	16	造成	zàochéng	9
有丝分裂期	yǒusī fēnlièqī	15	则	zé	3
幼稚	yòuzhì	17	增生	zēngshēng	16
诱导	yòudǎo	10	增殖	zēngzhí	16
于	yú	4	增殖周期	zēngzhí zhōuqī	16
于	yú	7	折叠	zhédié	3
余	yú	3	着色	zhuó sè	14
与……相通	yǔ…xiāngtōng	12	着丝粒	zhuósīlì	15
与此同时	yǔ cǐ tóngshí	13	真核细胞	zhēnhé xìbāo	3
预定	yùdìng	17	振荡	zhèndàng	7
阈值	yùzhí	16	整条	zhěng tiáo	3
元素	yuánsù	1	~之处	zhīchù	5
原基	yuánjī	17	脂肪酸	zhīfángsuān	1
原有	yuán yǒu	17	脂肪酸链	zhīfángsuānliàn	7
原状	yuánzhuàng	9	脂溶性	zhīróngxìng	8
运输	yùnshū	4	脂质	zhīzhì	7
运输蛋白	yùnshū dànbái	4	指标	zhǐbiāo	11
运输小泡	yùnshū xiǎopào	12	指挥	zhǐhuī	14
蕴藏	yùncáng	14	质变	zhìbiàn	17
Z			质膜	zhìmó	4
载	zài	12	致密	zhìmì	13
载体	zàitǐ	8	致使	zhìshǐ	9

中毒（⟵解毒）	zhòng dú (⟵ jiě dú)	11
中间纤维	zhōngjiān xiānwéi	14
中介	zhōngjiè	12
肿瘤细胞	zhǒngliú xìbāo	14
种类	zhǒnglèi	2
周边	zhōubiān	4
周期性	zhōuqīxìng	16
轴	zhóu	2
主动	zhǔdòng	8
主动运输	zhǔdòng yùnshū	8
主体	zhǔtǐ	5
专门	zhuānmén	17
转动	zhuàndòng	7
转化	zhuǎnhuà	11
转录	zhuǎnlù	2
转运	zhuǎnyùn	2
转运 RNA	zhuǎnyùn RNA	2
装置	zhuāngzhì	6

状~	zhuàng	5
状况	zhuàngkuàng	8
状态	zhuàngtài	1
子-	zǐ	2
子细胞	zǐxìbāo	16
自然界	zìránjiè	3
自身	zìshēn	5
走向	zǒuxiàng	2
阻断	zǔduàn	16
阻止	zǔzhǐ	8
组成	zǔchéng	1
组蛋白	zǔdànbái	15
组分	zǔfèn	1
组织	zǔzhī	6
组装	zǔzhuāng	15
最佳	zuì jiā	17
最终（⟵最初）	zuìzhōng (⟵ zuìchū)	6